全椒古代典籍叢書

楊于庭集

3

(明)楊于庭 撰

政協全椒縣委員會 編

國家圖書館出版社

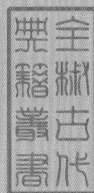

第三册目録

（明）楊于庭 撰

楊道行集三十三卷（卷十至十八）

明萬曆二十三年（1595）季東魯、湯沐刻本

楊道行集卷之十

目錄

五言律詩

須臾月出與外父吳翁登臺四眺龔璐呼酒
酬飲之中秋見懷有咫尺千里之感明日為
萬壽辰云

得孚如書二首

懷趙夢白二首

秋日書懷二首

愁霖二首是為重陽前一日

秋杪五首

過關山時兆訪賈魚瞻

魯瞻留飲幷道顧叔時史際明韋元禮見問

贈魯瞻　遊荊山即卞和獻玉處

渡淮

唁楊行可職方宅憂三首

晨行鳳陽道中　過關山

滁州　懷樊欽之

雪中仝金五金七過戚三夜飲戚為都諫孫

二月大雪　喜魯甥國俊入學

病起　黑石孔

謝穆敬甫考功　乙未除月二首

丙申二日仝弟陛陪外舅吳翁飲

重謁戚都諫祠仝樊使君作

春興六首　賦得

暑日十二首次孚如禾芳亭韻

楊道行集卷之十

全椒楊于庭著

五言律詩

夏日山居十二首

何官猶待免，是物合抽簪。酌酒對山色，讀書隨樹陰。人家萬井遠，漁艇一溪深。近得長生術，花前戲五禽。

二

自識名皆幻，何妨懶是真。青山容一老，白雪有斯人。流水浮沉跡，飄萍寵辱身。機心渾欲盡，馴得野鷗親。

三

壁立歸来日差餘負郭田一年催力穡百口託皇天

藥罌虛窓裏詩筒小閣邊攤書吾欲睡何事亂鳴蟬

四

不謂臨淵淺其如綆汲深人言無白玉交態少黃金

暑過千峯色凉生萬竹陰自諧丘壑趣吾道合浮沉

五

農来村村急漁舠欲自輕窮爲編戶長老作　聖人

民風氣侵衣薄松聲入座清醉眠方竹簟遮莫破愁

城

六

仲蔚蓬蒿宅何人結駟来瘦軀堪傍竹愁鬢且啣杯雨罷千巖出雷盤萬壑廻不辭車馬至只恐破莓苔

七

積毀曾消骨歸休已乞骸閑窓蟬嘒嘒集木鳥喈喈嶺日嘶猿閣溪雲擁斷崖從来河朔飲磊落自吾儕

八

何物能逃暑昏昏對濁醪爲花欹帽久薜荔開門高

藉草鋪碁局開林舉桔槔松風時隱几五月有秋濤

九

自愛吾廬好檲欒竹幾竿全生因善病得暇爲無營
避世常高枕逢人不着冠晩来松項月颯颯與誰看

十

滄洲不可望極目露華滋魚似濠梁處人疑谷口時
荷筒香送酒蕉葉淨題詩五月披裘者延陵恐未知

十一

故舊寒溫絶兒童項頸成人猶嗔偃蹇吾亦癈將迎

去國悲王粲憂時泣賈生自知無比數不敢問予椎

十二

狂罔憐被出醉即東薪歌禮法吾何有風流世孰多
蒲團山鳥狎暮憤野人過種樹南山下誰為郭橐駝

謝欽之明府為余題浣花草堂二首

問我蘇茅處蕭然一畝宮偶緣句竭令錯比浣花翁
月俸頻呼蟻園蔬肯駐驄故人情不淺日日有詩筒

二

自有求羊仲何妨八九椽運開駒鶴處人在浣花邊

藉草鋪棊局開林擧桔槔松風時隱几五月有秋濤

九

自愛吾廬好檀欒竹幾竿全生因善病得暇爲無營
避世常高枕逢人不着冠晚来松頂月颯颯與誰看

十

滄洲不可望極目露華滋魚似濠梁處人疑谷口時
荷筒香送酒蕉葉淨題詩五月披裘者延陵恐未知

十一

故舊寒溫絕兒童項頸成人猶嗔偃蹇吾亦廢將迎

砧魚鮮自躍園柿綴還扶近識陶潛趣清尊可但無

秋

無言農事晩已是　主恩私衣授蒲荒候尊開秋熟時雨期從叟卜米價問僮知飽食彫胡飯掀髯自賦詩

飲田家

世事了不問出門隨所之偶從隣叟飲遂賦田家詩山色有佳處雲光無盡時兀然一壺酒扶醉歸茅茨

偶感

秋風何太急擺落使人驚隱已憩顏闔狂應厭禰衡
浮雲空幻態流水澹無情自分投竿處江鷗伴此生

中秋無月二首

是夜江潭客空勞擁鼻吟幾時留末照無力挽重陰
風雨緣何事關山只此心還持一盃酒淒切更聞砧

二

為遲松間月重陰更惘然豈無他夕霽能得幾回圓
兎藥憐長搗娥幃憶獨眠覆盆寃自語灑淚向秋天

須臾月出與外父吳翁登臺四眺箕踞呼酒

是夕頻呼酒須臾已放晴偶然雲自散無恙月還明顯晦應吾道升沉總世情晶晶侵牖入轉覺映氷清

酬欽之中秋見懷有咫尺千里之感明日為萬壽辰云

盈觴今夕酒默默為誰傾可惜團圞夜都深放逐情人憎雲翳在吾愛月華清金鏡何時獻丹心耿獨明

得孚如書二首

世態成吾拙窮愁柰爾何轉憐同病在猶畏取名多雲樹供詩案江湖着釣蓑雌雄君莫問只有紫芝歌

二

念爾愁仍劇，經年信始傳。才堪時輩忌，病有故人憐。

夢澤浮雲闊，襄江片月懸。東南吾輩在，若箇斷龍泉。

懷趙夢白二首

聞汝歸田況，門深仲蔚蒿。名猶傳水鏡，世孰解綈袍。

伏枕風霜苦，啣杯日月高。從來稱叔夜，不擬問山濤。

二

秋月照沙溆，思君轉鬱陶。種園饒雨露，隱几息風濤。

身世三花樹，江湖一葉舠。可憐畢吏部，今日早持鰲。

秋日書懷二首

秋霽舒晨眺涼颸爽夕眠人悲摇落候吾愛泬寥天
有覺翻如夢無營已似禪徵君唯種菊此意向誰傳

二

寒雨晝緜緜阡眠野望時態隨秋水潦意與暮雲遷
玩世仍呼酒防人已諱詩山中讀書處寂寞夜猿知

愁霖二首是為重陽前一日

不作愁霖唱其如峕雨何貧嗔寒驟至老厭節頻過
桂玉憐環堵輪蹄病一蓑茱萸明日酒滯淚為誰多

二

赤是皇天澤滿霖已後時閑門秋雨嘆傍砌草蟲知
卧病仍防潦爲農只苦饑登高吾懶道不敢問佳期

秋杪五首

秋杪凝霜後寒深挾纊初窮愁詩合苦貧賤客應疎
雨地開蔬圃晴軒檢藥書搔頭吾只醉一月不曾梳

二

麟閣身曾許羊腸願已違暝雲無氣色秋日少光輝
喚婦看橙熟逢人問鮮肥偶從田父飲曳杖醉言歸

三

霜重秋沙白風飄晚葉黃乍晴開鹿柵早凍閉蜂房
鼠穴薰仍懶牛衣卧不妨山妻差解事為我戒垂堂

四

彊項嗔吾短低眉與世擠酒從桃葉勸詩為菊花題
秸蔓初除架寒蔬更滿畦家人齋不苦不比太常妻

五

樗櫟真無用鷦鷯只自棲酡顏巡斝急鬅鬙角巾低
世已甘芻狗吾寧似木雞悲秋猶不達白日合沉西

過關山時北訪賈魯贍

路昔曾秉傳人今已倦游偶緣千里約還爲片雲留風氣天苞會河山地脉浮當關無謂險龍戰自吾州

魯贍留飲并道顧叔時史際明章元禮見問

爲問南遷客千峯與萬峯犢車吾自至鷄黍爾能供門敢狂題鳳廬應隱卧龍中原兄弟在一一想高蹤

贈魯贍

已咤他鄉謫猶依故里居爲親寧捧檄得罪尚垂魚世味窮彌澹交情賤不疎知君無習氣羞問討然書

遊荊山即卞和獻玉處

不見荊山玉猶傳卞氏名何心悲再刖無計斷連城
峽束長淮怒雲埋古戍平有懷那得獻把酒一含情

渡淮

古戍千峯合長淮一葦過源從桐柏冢滙入大江波
北去鸜應少南來橘漸多客心對流水浩浩柰愁何

唁楊行可職方宅憂二首

淮上停驂日山中枕塊初人非徐穉吊墓有蔡邕廬
同署名猶忝通家誼不踈勸君須強飯使者問相如

二

長淮不容舫此渡欲何之賓容知觀禮閔人想黍詩

雲深和氏洞木落禹王祠忍對巢烏泣傷心反哺時

晨行鳳陽道中

冬初復行役匹馬更淒然遠岸霜如月寒汀水共天

論從身後定神已醉中全自咲隨陽鴈孤飛若箇邊

過關山

不陟關山上何知行路難楚雲天外盡吳岫霧中看

事業灰心老人情覆手寒疾邪君莫賦吾道合漁竿

滁州

百雉名邦舊三年逐客過　帝鄉濠泗近　王氣古今多麟閣心猶赤鷗群鬢欲皤醸泉行樂處遥聽濯纓歌

懷樊欽之

世態吾真拙交情爾更長楊留徐孺子榻倒蔡中郎風采臺端栢謳歌部内棠轉愁徵璽至誰復問漁航

雪中同金五金七過戚三夜飲戚為都諫孫

偶訪山陰道蕭然北郭生酒催春思早詩逼雪光清

入座琳琅色傳家謇諤聲與君還卜夜忍爲獨醒名

二月大雪

二月寒仍劇經旬凍更深秖應憂歲事不敢問天心
雪妬花含蕚風摧樹出林賡川雖紀異無力閉諸陰

喜魯甥國俊入學

吾甥猶總角蚤已儁諸儒夢鳳肩曾集爲駒汗欲趍
庭堦多秀色霄漢有雄圖宅相終須汝無徒似老夫

病起

死只蚍蜉細生真狗馬憐扶筇疑隔世窺鏡荷慈天

色變仍訝病皃招始記年自今丘壑日飲啄亦怡然

黑石犴

晨行黑石犴暮到龍會山馬駭防崖夾人喧匝水潺
亂雲千樹外落日萬峯間村叟携瓶至城中得酒還

别業

别業青山外秋深匝樹陰牛車田父駕雞黍野人心
埽壁除枯蔓開軒出遠林自憐塵外趣寧問鴈書沉

晚

傍晚行初憩悲秋意轉增山猶啣落日寺已閉歸僧

鳥噪千巖樹漁然隔岸燈人生非大藥詎見駐顏曾

焦山寺故址

招提無故址松梵若爲音寂寂飛花雨荒荒布地金
雲開天欲坼峽東日如沉蓮社吾將老悠然浩刼心

佛子嶺相傳爲焦氏結寨處

寂寞何年寨秋深駐馬情亂亡傷往事戰伐愧乘堂
佛手雲中嶺空王樹外城逃禪吾已晚不敢更論兵

重過卧龍寺

剎古游何屢僧貧意轉優漸看堦樹長頻爲野蘋留

[illegible]抱千峯逈雲生萬木稠不須談浩刧吾意亦悲愁

寺

紺殿層層逈青山面面陰周顯精佛諦康樂恆幽尋
流水無生諦浮雲不住心牟尼如在眼片月掛雙林

秋興十二首

皇歲秋仍穫經年病欲痊豪隨雙鬢嶽樂與萬人同
白鳥依寒渚蒼鷹捧遠空頗諳消息理不擬哭途窮

二

兩岸水潺湲秋深[illegible][illegible]重峯頭黃葉下樹杪白雲封

雨露沾　明主深滿傲老農端居吟望岩椅事春蕭

蛩

三

為尋山水勝巨浸亦吾邦蘿逕烟中屋魚罾樹底艭柿番猶留舊鴈去恰雙雙倘訪鹿門隱無言予姓龐

四

秋水陂初漲伊人係我思衆芳零落候狐舟獨妍時兎筱猶三窟鷦栖只一枝楊稚當編簡白首許誰知

五

只為馳驅倦　君恩放布衣岫雲秋澹澹汀月晚依
依酒趁漁船至禽捎獵騎歸蓼蟲吾自比習苦不言
非

六

社月陳平肉秋風張翰魚古人今不見吾道竟何如
緑竹堪藏塢青山可著書翟公門合閉莫怪客來踈

七

泯泯蓀蒲裏悠然鴈與鳧野心吾忘我秋色汝為徒
菊已殘三逕帆曾挂五湖臨岐重回首何用泣楊朱

八

村居常簡出秋至獨淒淒羊舌賢無子維摩病有妻

浮雲藏樹迥落日楚山低宦跡君休問于今醉懶題

九

搖落逢秋至飛揚與世乖東方無一飽蘇晉有長齋

江漢饑鴻鴈乾坤對虎豹滄洲情不淺吾自乞吾骸

十

似鴈慚能語為樗幸不才潘生真拙宦陶令合歸来

世已江鷗狎人猶市虎猜愁心與秋色颯颯為誰哀

十一

春明曾自娟秋至不須嗔可惜凄凉日猶餘磊落身
苦心争日月無力浣風塵只有嚴陵瀨重来理釣綸

十二

彼美何鄉是空餘九畹薰川長迷漢女天濶望湘君
往事青綾被新詩白練裙曉来秋色好一酌對斜曛

贈富陽許秀才讀書淨慈寺

為憶招提客潛心爾自知案燈分佛供蔬飯與僧炊
風翮鵬猶息霜蹄駿欲馳問奇吾豈敢寂寞倘相思

江上晚泊

夙有乘桴興因之鼓枻游乾坤吾野泊今古此江流
落葉吟秋岸疏燈照晚舟風波君莫問身世一浮鷗

渡江過金山抵京口

汩汩無時歇行人與逝波江山千古在我輩一帆過
樹影中流漱潮聲傍寺多扁舟更東下日日聽吳歌

歸自湖上柬樊使君

湖上張融舸山中甯戚歌胷應丘壑滿眼已古今多
念汝鳴琴暇何時載酒過吾廬殘菊在倘肯問[illegible][illegible]

寄常少叅常曾以治河議忤權貴

台夢蕉湟鹿長焚學士魚高名懸岳伯讜論著河渠

白社盈觴酒青山滿架書鄭公鄉不遠不比子雲居

贈徵上人

萬里聞杯渡雙林見錫飛人疑曾面壁法護舊傳衣

水月無生滅風旛有是非西來般若意常對一燈輝

哭袁文穀

居京師時與化袁文穀為莫逆余歸田五年

闊焉聞問疑其忘我也頃自其鄉來者則文

毅之死久矣墓有宿草矣嗚呼漬絮無從執
紼靡及死而有知文毅其以我為非尒哉

一官猶振落忽忽逐於真已卜青鳥地誰為白馬人
祝鳩餘故著化鶴定何辰欲掛延陵劍傷心宿草春

輓穆敬甫考功

醴設人何在逍遥只敝廬晚才悲讖鵩蚤已惜焚魚
世有潛夫論家無封禪書山陽聽笛夜為爾一欷歔

乙未除日二首

忽忽年華改偏驚放逐人酒辭今夕臘詩促隔宵春

剥復陰陽紀浮沉寵辱身軀儺仍土俗吾亦率吾真

二

今夕屠蘇酒家人為頌椒巖居仍一歲粒食已三朝送臘辭何遽迎年喜欲招鷦栖吾自足不擬問扶搖

丙申二日仝弟陛陪外舅吳翁飲

二葉蓂開旦吾家薦五辛尊仍元日酒座是隔年人氷玉名猶忝池塘思轉新昨聞餘興在擕及醉初春

重謁戚都諫祠仝樊使君作

别業衣冠處重來俎豆時野花開後覺山鳥喚良知

刺史襄陽里鄉人董相祠高風徒可仰寂寞九原思

都諫講良知之學

春興六首

偶曳尋山杖因之挂百錢多愁春似夢長醉日如年

柳綠堤堪染櫻紅樹欲然生生唯造物不敢問高天

二

步屧江皋暖扶藜野望遥兩間唯我放萬象與春饒

三

竹逕穿山遶泉分溜石橋無言謝朱紱終荷聖明朝

自諸丘壑趣日日步春郊客樹吟風葉初篁滴露梢
數飛烏引子頻語燕尋巢對此陶然醉詩書喜欲拋

四

禊事猶三月春游又一年對酣寧問客治具不論錢
霧重翻如水山遥倒似天昔人曾頌酒吾意亦頹然

五

負郭餘田在登山幾屐穿蘇秦金欲盡謝監句猶傳
花落醒春酌鶯啼攪晝眠攢眉曾入社寧問遠公禪

六

春風何大劇習習滿林臯宇宙唯吾輩鶯花對爾曹

詩應丘壑助名豈野人高不問玄都觀劉郎去後桃

賦得

近得三韓信倭奴未止戈腥風吹浪遠陰雨見燐多

寵鶴寧能戰圖麟豈為和平生天下志願聽出車歌

暑日十二首次孚如采芳亭韻

宇宙何多態須彌一芥哉水流經壑住月出傍林迴

埽閣延青嶂開門破碧苔無能河朔飲敢覆掌中杯

二

長夏交游絕青山只放歌名從高伏枕夢敢到鳴珂
耕鑿身差健生成世太和無將楊子宅錯比考槃阿

三

一壑應吾道千秋豈世情宅邊流水住窓外白雲行
野老猶爭席江鷗已結盟莊生曾說劍無用學荆卿

四

蚤年辭紛署暇日即滄洲案有孤琴在田餘十斛收
螢初飛暑肴夜蟬已度清秋不盡伊人念長江漭浩瀁

五

蠻觸紛紛鬭何能息萬緣穽坑無仕版陶冶有詩篇
牢落乾坤大支離雨露偏晚涼松上月吾意亦泠然

六

褦襶經旬甚攤書消案頭晚峯涼過雨森木颯先秋
世已圖南遠吾寧知北遊他時封禪草不用茂陵求

七

工部曾佳句乾坤一草亭孏閒皆置筆座右已為銘
吾道從舒卷斯人任醉醒自知無用用時繹衛生經

八

國事安危在交情貴賤經自甘投楚澤誰為哭秦庭
歲月淹時雨江湖傍客星無聞空老大大塊愧吾形

九

為哂蓬蒿舍曾無好事過不須悲宦拙敢謂患才多
食自炊蔬米衣纔葺芰荷詩題臨海嶠共和得羊何

十

返
服村村遣歸田事事幽松風渾忘暑山月恰如秋
樹石分三島疏池匝一丘慙無謝朓句枉君賦芳洲

十一

為問醒狂者何如蓋次公放情山水外寄興古今中

宿鳥歸相及浮雲去欲窮淮南招隱處桂樹若為叢

十二

鯨鯢猶駭浪若箇是長城社稷關成敗 君王倚重

輕吹笳邊月動擊楫海雲生拊髀思麟閣寥寥一代

楊道行集卷之十一

目録

七言律詩

泗州謁祖陵　鳳陽

容至　遣興

長陵　泰陵

萬曆八年九月三日陵祀臣于庭以刑部雲
南司進士祀　昭陵得二首

寄東泉石先生家居

寄穆敬甫考功　李民部謫推東昌

李推官轉爾祠部　魏懋忠御史謫官

拱辰先生被徵敬甫悵然難為別賦此二首

李伯承及李祠部會于鄄邇余不赴以詩見

嘲依韻奉答

樂燕堂同李伯承餞別李祠部觀射

余宗漢自台下經顧余故全椒尹二首

中秋夜酌酒飲宗漢閣留得杯字二首

行郡偶成　雨中宗漢過飲

送幼鍾舍人之南給諫便道迎養二首

光嶽樓　奉直指擻監射山東

入覲過白溝　寄穆敬甫

萬山中是為綏德界

王憲副招飲紅石峽群胡叩塞下犒以酒肉

贈梅中丞　送張郎中督儲榆中

南昌九日二首

荅右伯宋桐岡送別并似令子化卿

酬宋方伯

送朱可大偕陸給諫典試粵東二首

集張氏荷亭遇雨次申敬中鄭思成韻

集張園折荷葉送酒戲荅陸伯生

送朱吏部典試關中

郄孚如謝病歸雲夢二首

初得告舟中雜詩五首

官軍敉寧夏志喜　先大夫忌日二首

憶昔　罷官二首

贈賈魯瞻民部

愁霖二首

送瞿賡夫訪王子聲臨漳令

秋夜小園口號　丙申九日二首

贈樊翁二首翁舊為博士五子兩為令吾令

長君迎在邸

按臺蔣公以河功晉尚寶卿二首

門人徐比部恤刑江北過訪二首

丁酉元日

豫章任父王孫名父之子少而能詩訪余山

中賦贈

任父王孫同江大飲小園

再贈任父

春日仝汪氏兄弟郊行飲

是日更與汪氏兄弟飲曾六新贅婦所亦在

郊外噓而得詩

丁酉寒食

仝汪氏兄弟謁尊甫別駕公墓公強記為里

祭酒余童子時辱國士之知

汪四莊觀插秧

外父無號山人七十

雨晴

李仲白飲小園惠佳句奉和四首

仲白書中更得黄漢州見惠之什賦荅四首

寄豐城李明舉憲副

輓楚人王一鳴余于王無生平之素爾愁其

高才早夭悲之

偶成　病

送鄒幕從守入覲

寄蘇子長右史渠以詩索序于余

陳志玄游越粵歸而示我雁宕圖賦贈余余

壽少保尚書褚公四首

過来安贈冷尹

春日浣花莊課門人偶述

贈李旭山中丞忓旨致仕中丞以舊寮時存問余

楊道行集卷之十一

全椒楊于庭著

七言律詩

泗州謁　祖陵

泗州亦是枌榆地爲望　山陵更鬱然猶記鼎湖龍去日不聞華表鶴歸年珠襦玉匣千秋閟翠蓋金支五夜懸欲問祠官開國事松杉風雨泬寥天

鳳陽

爰從元季無　高廟天地何由再廓清自昔塗山傳

禹會至今豐芑重周京販繒盡屬公侯輩射帛先妝

子弟兵王跡肇基湯沐邑偶来瞻眺不勝情

客至

走馬看花花可憐况逢佳客興翩然狎人乳燕低低

逐傍柳嬌鶯故故穿潦倒烟雲憑酒㪷崢嶸天地有

詩篇莫嫌暝色催歸騎爛醉從教月下眠

遣興

瀏瀏鵁鶄與伯勞無端的的媚林臯崢嶸春色須吾

輩浪藉風光奈爾曹濁酒丁寧酬峄柳新詩斟酌爵

江桃步兵尚爲途窮泣騎馬山公興更豪

長陵

成祖神功彌宇宙　長陵佳氣鬱松楸幕南地絶三千里薊北天開百二州八駿漫憐周馭遠六龍空鎖漢宮幽孤臣悵望愁無極日瞑青山翠欲流

泰陵

泰陵深閟白雲隈悵望龍髯安在哉尚憶　至尊臨便殿幾回元老召平臺空山路黑鬼神入虛閣日黃風雨來更有文華遺訓在小臣揚厲愧非才

萬曆八年九月三日陵祀臣于庭以刑部雲南

司進士祀 昭陵得二首

六年垂拱祲氛消穆穆 先皇玉燭調一自鼎湖雙

馭遠獨留陵塚百靈朝松杉御氣通飄渺殿閣悲風

鎖寂寥供祀小臣虔對越依稀龍袞聽簫韶

二

昭陵松栢鬱相望祗祀追陪劒珮行遥捧寶箋天址

極虛瞻玉几殿中央精靈象衛千秋冷蕭颯龍旂萬

壽藏愴念懸知今 上切寢園霜露淚沾裳

寄東泉石先生家居

水屋湖海渺愁余投劾歸來學釣魚綠野堂中人未老蒼生天下意何如曳裾北闕餘封事拄笏南山有著書衣鉢少年今領郡幾回瞻望獨踟躕

寄穆敬甫考功

中原把臂氣誰雄之子洋洋大國風天上舊陪鷄舌吏山中今作鹿皮翁逢人莫倚千金鋏知己何妨一曲桐咫尺幾時攀玉樹江湖翹首望冥鴻

李民部謫推東昌

法星一夕照東方争識批鱗舊省郎但使江湖容傲
吏不妨海岱是他鄉愁看紛珮寒生色醉挹蘭蓀嗜
有香知爾才名誰得似也應人道謫儒狂

李推官轉南祠部

見說 君王已賜環金陵亦在五雲間兩都争識神
儒吏三禮重叨法從班伏枕鄉心懸碣石挂帆秋色
照鍾山謝公墩上重回首六代風流尚可攀

魏懋忠御史謫官

[illegible]法曾簪獬豸冠風塵回首别長安量移自識蒙恩

重有罪誰憐行路難國事違人休問訊天涯到處好
加餐君家兄弟詩清發郡閣還同謝朓看
拱辰先生被[illegible]收京悵然難為別賦此二首
才名曾說兩狼許止[illegible]稍惜羽翰萬里風雷孤奮
翮百年天地一彈冠人稱樊子乘滿涉家住黎陽查
馬看柳廟江湖識不淺臨歧珍重各加餐
二
德星昨聚濁河邊去住休嗟兩鬢偏白日有時終會
翁青山無恙且龍眠論交却憶班荊夕無主難忘故

陵于君賦河東應自好吹嘘曾到漢皇前

李伯承及李祠部會于鄴遲余不赴以詩見[illegible]

依韻奉答鄴有齊桓會諸侯臺

使旌搖曳鄴臺前埽石開尊八月天北海詞人非異

姓中原霸業已千年憑陵夜色仍呼酒珍重山[illegible]有

贈篇更欲登龍登未得風塵回首一淒然

樂樂堂同李伯承餞別李祠部觀射

千旄嚴隊出郊坰樂樂堂高俯翠屏掃榻秋吟迴白

雪當筵山色照青萍貧看射鵠渾忘醉愁說離鴻不

恐醒江國逢人如貰酒也應回首念長亭

余宗漢自白下枉顧余故全椒尹二首

風塵揺落鬢如絲邂逅何當慰所思遂有晴雲寒對酒不妨秋月夜題詩黃金散盡人誰問綠綺操來商自知相見更憐渾夢寐摳衣猶憶十年時

二

拂衣歸去意如何彭澤風流不啻過自笑塞翁曾失馬誰教道士爲籠鵝莊生臺畔秋吟早謝傳墩前夜色多南北浮萍拚一醉世情回首付漁歌

中秋夜酌酒飲宗漢聞雷得杯字二首

聤晩風高落木催官齋今日對啣杯聽雷恐喚雙龍去待月愁看一鴈來客子凭欄秋自老誰家吹笛夜堪哀酒酣往事君休問莛叟臺前已緑苔

二

妬殺清光黯不來水雲亭畔忽聞雷陰晴過眼猶難料醒醉隨人莫浪猜斂氣巧當公署合酒星恰照客筵開習池自笑風流更岸幘何知倒百杯

行郡偶成

秋深行郡歷荆扉郭外催租吏到稀秫熟隔墻携酒
至蒲荒深淵打魚歸背人野雉驚還歇擁樹山雲黷
不飛田父也知留皁蓋向余踸指蕨初肥

雨中宗漢過飲

相逢何必問沉冥且自酣歌水畔亭暝氣帶雲浮座
白嵐光拖雨失山青江湖忽動雙龍劍天地常懸一
酒星世路悠悠君不見也須同醉不須醒

秋暮同宗漢明府伯承少卿約敬甫考功會境
上

病肺高齋吏事慵偶從黃鵠問僊蹤白衣已自邀陶令皂蓋何妨駐李邕月出萬家開夜色雲來千樹澹秋容相逢不淺濠梁興一榻清尊到曙鍾

陳憲副宅同李伯承賞菊

若爲秋色到蘼蕪花下何妨白玉壺嫋娜故攀壽鶴客嗅紛披恰喚小僮扶杯邊雁影還離合竹裏雲光乍有無不淺孟公投轄意醉来箕踞笑狂夫

宗漢夜集送之入京

明到天涯少故人傳觴燒燭莫辭頻轉憐對菊三更

夜無那飄萍萬里身白雪時名飜自妬黃金交態有
誰真蕭蕭易水經過地爲弔荆高一憐神

龍君善寄同汪伯玉遊黃山詩却寄

千峰縹緲帶新都知爾尋僊興不孤帝遣浮丘迎客
來天留鱗石化龍無班荆並占青蓮字珥節頻稱白
玉壺況復同遊漢司馬投來珍重夜明珠

臨濮賽日擬晤穆敬甫二首

詞賦中原早結盟重來天畔疑雙旌千年競賽知誰
勝一代登壇見爾名下榻不妨喧櫪馬移尊還擬趣

林鶯詩成白眼相看醉絕似江東老步兵[illegible]

二[illegible]

願識荊州意不忘鼓旗何得一相當剪蔬并枉乘驄使折簡兼陪尚璽郎衛地治遊餘賽事漢京賓從行

雄章吾曹離合知非易太史應占聚宿光時李薊鄉陳憲副同行

答魏懋忠南吏部見懷魏舊御史

魏氏明珠天下聞解嘲猶自憶楊雲三年夢繞青綾被千里詩投白練裙已向山公占啟事還從[illegible]

彈文何當並爾連枝樹走馬長干日未曛

所思

郡齋昨夜梅花發忽憶長安舊酒徒幾欲折梅傷阻絶誰將呼酒破羈孤風雷終擬歸神物天地何曾記腐儒念爾離飛無洞凝宵然燭射隔邊壺

寒食途中作

寒食年年旅思牽今年寒食倍消然誰家蹴踘虛相憶何處鞦韆不可憐馬上雲山揮淚立客中風雨抱愁眠倚門白髮情偏切芳草王孫萋箇邊

周元孚再謫

天涯纔喜賜環初又逐浮萍問謫居結俠休填遷客戶避人莫道絕交書凌風勁草娟娟秀向日孤雲宛宛舒今上憐才恩浩蕩肯將湘畔棄三閭

釣臺

讀罷南華意渺茫釣臺臺下即滄浪春來浦溆依然在人去漁磯半已荒潑潑不知魚自樂蘧蘧真與蝶相忘前身亦是逍遙叟曳尾何時謝楚王

送幼鍾舍人之南給諫便道迎養二首

綠髮黃門擁珮刀片帆山色照緋袍官稱諫議仍雞舌客有文章自鳳毛到日筵開南極曉幾時書上北辰高六朝勝蹟題應徧莫惜陽春為我操

二

夕郎擁傳出明光書省風流總擅場南國自高 天子氣西垣仍帶侍臣香山川臨藉供吟草日月峥嵘識諫章見說江魚堪入饌綠衣應在燕磯傍

光嶽樓

高閣凌空望渺然登臨人在蔚藍天窗中倒挂三光

出檻外平分五嶽懸闕閬萬家連魏博舳艫千里接
幽燕覲風倘駐輶軒使杼柚東方亦可憐

奉直指檄監射山東

郊坰嚴隊節旄來竹箭星飛亦壯哉檄捧三齊詩斧
使網羅六郡請纓才控弦忽迸山光動破的遥分雪
色開絓越支胡今正急黃金蚤已置燕臺

入覲過白溝

緩帶輕裘踏雪深白溝堤外肅森森醼金且共村酤
醉覓句聊為野眺吟割據漫談千古事朝宗懸切萬

方心悲歌擊筑人何在易水蕭蕭直到今

寄穆敬甫

不見緘書慰所思謁來誰與賦新詩山中已著潛夫論天下猶傳幼婦辭漫憶德星占此地却憐神劒會何時千年河朔風流處念爾尊前倒接䍦

萬山中是爲綏德界

王程殘暑入并州西出延川颯晚秋傷瞑鼯啼經嶺怯早嵐鳶墮及關愁槖駝大漠傳軍餉鸜鵒深山喚客游薊北淮南情不極臨岐回首各悠悠

王憲副招飲紅石峽群胡叩塞下犒以酒肉

硤石嶒屼雉堞雄招邀出郭對乘驄花門盡款金湯外紫塞全歸鎖鑰中鵝鸛陣寒沙積日龍蛇旌動朔方風佩刀開府君家事莫讓燕然第一功

贈梅中丞

推轂由來鎖北門朔方萬騎奄雲屯籌邊　天子河山重開府中丞節鉞尊客館過從爭覿面穹廬聞望已消魂折衝樽俎尋常事爲報生降吐谷渾

送張郎中督儲榆中

綠鬢僊郎領度支揄中飛輓路遲遲馬頭匼匝巡邉
日駞背氍毹轉餉時紅硤坐嘗胡蘗酪黃河行指漢
關旟知君不比張騫使西域蒲萄莫浪疑

南昌九日二首 別家時舍四弟阽危

齋頭獨對他鄉菊江上初逢九日杯忽憶平安心便
折反愁消息恨難裁鶺鴒天暮歸何處鴻鴈秋深杳
不来幾欲登高還復罷閉門搔首重徘徊

二

去年九日客并州九日今年江上游到處青山渾是

夢何人白髮不堪愁况憐桃李應無那欲逐黃楊且
復休腸斷眼穿家萬里好將雙淚寄中流

荅右伯宋桐岡送別并似令子化卿

山簡主人偏好客盧諶故吏辱投詩東方傾盡愧昨
日南浦把杯能幾時贈我不殊錦繡段有郎况乃瓔
瑳枝臨岐相勸但强飯為謝義之并獻之

酬宋方伯

詞客風流故不群世家誰得似夫君侍臣舊和三陽
賦弟子新傳九辯文下榻夜懸行省月啣杯秋劃大

江雲自無奇字堪相問鄭重何來白練裙

懷忠祠謁孫許二先生二首

爼豆千秋此一堂還如巡遠在睢陽　君恩獨抱丘山重臣節雙懸日月光死後勤王功總在生前殺賊恨尤長遊人不淺經過意欲叩丹心祗瓣香

二

義旅西江事已沉兩公祠廟栢森森雙扶社稷千行淚對照乾坤一寸心傍砌晚葵猶日色背人獨鳥自秋吟可憐曲突當年疏未悟　君王恨至今

別無號山人余將入都

春暮新裁白紵輕星軺今向帝畿行傍人驚話迎征騎夾路桃花映遠旌拙宦自應淹執戟逃名誰得似君平相思倘對齋頭月為酌清光見我情

同朱可大雪夜集張戶曹

漢廷朱邑舊循良折節招攜過辟疆雪色夜迷沙苑鳥月華春泛薊門觴醉來玉樹寒相映挹得幽蘭嚼亦香握手更憐佳會少也知不是草玄忙

贈答劉戶曹并悼令弟國徵亡友二首

二月新晴錦繡文夫君握手慰離群操觚已自推公幹執戟何來問子雲碣石題詩春欲暮新豐貰酒日初曛池塘夢斷腸仍斷横吹山陽不忍聞

二

鄴下風流與一時君家兄弟盡能詩逢余忽贈金光草對爾如披玉樹枝交態死生應自見匠心天地許誰知劉郎未被才名誤道士栽桃莫浪疑

送朱可大上陵

寢園春閟五雲高　帝遣祠官出禁曹端笏恍疑丹

鬴近遺弓空望翠華勞西山鰲嶌留金盌東序龍飛有赤刀愴念累朝深養士松楸風雨一揮毫

春日遊暨園和申敬中韻

招攜出郭典春衣鎮日開尊坐翠微選勝鳥啼花外塢參禪僧卧竹間扉觴流澗月纖纖動馬踏山雲片片飛樂事自饒吾輩在阿誰渾忘醉扶歸

陪朱可大胡允番申敬中三駕部鄭思成民部陸伯生山人遊葦園四首

何來步屧傍林皐況乃招攜鄴下豪澤祿儘拚花底

盡織名偏向酒中遊吟風蕉葉醒黃鳥喧日蜂房釀
碧桃春色不知吾欲醉城隅猶擁月華高

二

偶從休沐一停驄望裏青山似鏡中不是　王恩饒
小吏何緣春色屬諸公醉餘瞑踏燕山月談劇雄生
碣石風便作吾廬應好在只教人喚浣花翁

三

遲日聯鑣出鳳城春深韋曲此班荊儘容野鳥頻窺
客莫遣山翁解識名村樹晴分青嶂迥水畦遥帶白

雲平傍人錯認金門隱自是前身灑酒生

四

潺潺溪水碧于苔為濯塵纓拍馬来津口跳魚銜岸
没梁間鷩燕護兒迴喜聽鶯語頻移席貪數花鬚不
記杯借問昭王臺下月古人能似此徘徊

送梁武庫典試貴州二首

使者蘭臺下鬼方如雲經術擁門牆文星夜起牂牁
色彩筆秋懸合浦光入轂儘侔三輔士驅車先讋百
蠻王寄聲續食諸年少　聖主恩深慎莫忘

二

儒臣銜命別鵷行為校章縫到夜郎爾自韞奇稱武庫人從乘傳望文昌盤江秋水看鱗躍酉穴卿雲起鳳翔門下美材應不少好收梁棟貢明堂

送朱可大偕陸給諫典試粵東二首

朝捧天書出未央摛經誰不羡仙郎漢儒舊避朱雲席粵使新偕陸賈裝方物交州妝翠羽文章南海借珠光臨岐為酌榴花別明到羅浮寄八行

二

幾年抽筆侍金莖　帝遣掄材海上行水鑑遠分婺
鳳關文星偏映五羊城兩曹握草稱高第百粵談經
起大名惟底如雲門下士曲江風度自諸生

集張氏荷亭遇雨次申敬中鄭思成韻

陰陰嵐氣乍沾衣選勝徵歌逗晚暉深坐不知啼鳥
換急觴猶傍落花飛色含翠葆迎風淨香入紅蕖過
雨微何事汨閒魚撥刺陶然對爾一忘機

集張園折荷葉送酒戲答陸伯生

石園長日遲幽期携醞何妨倒接䍦石磴雨餘深坐

處薜蘿風凈納涼時狂從酒伴斟荷葉醉倩歌兒雪藕絲山簡阿誰扶上馬故人應許葛彊知

送朱吏部典試關中

水鏡曾從啟事聞使星昨夜向秦分攬奇舊入西京校藝先懸吏部文顧盼驊騮收逐電吹噓鵰鶚看淩雲扶風才子推班掾桃李門墻總屬君

鄒孚如謝病歸雲夢二首

謝病翛然下帝閽何如梅福隱吳門攜來白雪饒生計乞得青山亦主恩啟事名懸水鏡重著書人卧

薜蘿尊子虛雲夢休揚厲七澤如君氣幾吞

二

詞客鄒陽故不群別離今日賦停雲神儒玉樹應誰並學士銀魚早自焚躭隱又耕東郭履逃名羨待北山文謝公雅負蒼生望未許林臯已屬君

初得告舟中雜詩五首

何緣多難賦初衣嘆息籌邊事已非赤羽未紓明主顧青山先賜小臣歸也知梧葉逢秋盡自是葵心向日稀但使普天無戰鬭不妨江上老漁磯

二

秋楓爽路氣蕭森遊子于今返故林今一篋謗書臣罪重幾年休沐 主恩深肝腸不盡籌邊血骸骨猶餘去國心自嘆相如消渴病金莖天上望沉沉

三

捷書初下赫連城更遣樓船海上營嘔血詎能稱定難乞骸端不為榮名故山搗底應無恙新月舟邊恰有情若道論功遺介子一蛇猶自愧平生

四

辛苦中原兩出師扁舟何事學鴟夷可憐溫詔重留日正是流言三至時汀鴈啼蘆寒自語蓼蟲避堇苦誰知江湖戀主情無極寬夢依依覲玉墀

其五

鄒郎當日惜分攜余亦歸來學灌畦宇宙儘容吾道在行藏何訝兩生齊千秋大業愁中得百紙新詩醉後題念爾同聲應不淺楚雲江樹各淒淒孚如亦以人言謝病去

宫軍收寶真友志書

露布初聞破羯胡倒戈更報窫窳誅官家自此應加飯天下于今好賜酺便作買舟歸亦得不妨扶杖病全蘇鯨鯢尚復生心否梟獍能逃醢肉無

先大夫忌日二首

一從家難棄諸孫幾欲捐糜強杖扶書籍僅存寧忍讀容顏空憶不堪圖轉思當日先嘗否卻恨于今反哺無落木蕭蕭風正惡杜鵑何事更悲呼

二

傷心猶記兩髦初泣血翻驚四載餘本謂一盂嘗酒

墓何知五斗又徵書松楸况復經年隔樵牧還應比
舊踈蹤廢蓼莪情自苦可能膝下學牽裾

憶昔

憶昔行間對羽書而今江上狎樵漁敢云掉臂功成
後實是驚心痛定餘變態未論曾失馬畏途只合蚤
廻車鑑湖倘得　君王賜到處青山好結廬

罷官二首

豈是匡時與願違無才只合罷官歸鷗盟負汝今應
遂鷄肋牽人詐已非決策舊慚鵞鸛陣倦游新換芰

荷衣摧蘭蕙尋常事敢向幽巖怨晚暉

二

信是人間行路難也知高卧息風湍漫圖畫閣先投閣差喜彈冠已掛冠東去江湖無樂土北來天地有狂瀾聞雞錯認趨朝夜猶自憂時淚不乾

贈賈魯瞻民部

余既廢屏居田間民部枉顧小墅兼惠佳詩率爾奉荅

山中自作烟霞侶天下誰為金石交知爾批鱗驚海

內為余飛旆駐林坳延津忽躍龍雙鍔麒麟何來鳳

九苞賈誼有才猶未達楊雄已老又焉嘲

愁霖二首

愁霖兀兀滯江城秋思蕭蕭聽鴈聲乍晒竹枝扶復墜久陰苔蘚蹈還生只憂負郭防農穫轉怯衝泥淖馬行旱潦自應消息理向來恒雨不須驚

二

深秋黍秫垂垂實積雨川原莽莽陰不分羲和翻失馭生憎風伯苦為霖盤渦浴鷺畦間見潢潦鳴蛙竈

底尋自是變調公輔在野人空切補天心

送瞿睿夫訪王子聲臨漳令

秋風蕭蕭吹樹枝欲別不別猶一卮無那言咲只此夕縱然夢魂能幾時江湖交游我自見宇宙事業君應知明到鄴下得王粲慇勤寄緘公讌詩

秋夜小園口號

城南吾廬浣花莊苔蘚滿逕書滿床戶外小溪夜活活山中古木寒蒼蒼帝優野人放林莽天與秋月供壺觴把酒欲飲一相問幾人此夕歌滄浪

丙申九日二首

九日霜楓葉欲丹黃花聊為故園歡登爭高處吾應
避棲有畢枝意亦寬萬里愁入看鴈陣一年秋事在
漁竿白衣寂寞江州酒泥罷茱萸獨倚闌

二

采采東籬菊滿枝紫桑又是濁醪時雖垂漫憶滕王
序戲馬猶傳孔令詩縱使杯乾還復瀉偶然帽落不
須吹遥知此日茱萸賜歲歲江湖有所思

贈樊翁二首翁舊為博士五子兩為令吾令長

君迎在邸

老来三遷漫優游繞膝兒孫百不憂博士于今稱祭酒封君自昔比諸侯二難更御陳公至十月寧為陸賈留見說黃州江咫尺壽醅常釀水悠悠

二

美人問寢在江城秋日琴堂戲綵輕政似馮君雙擅譽兒如逸少五知名已傳東海儒林傳轉見南陔孝子情種漆不妨丘壑老只今補袞紹家聲

按臺蔣公以河功晉尚寶卿二首

神羊淮海見威稜　帝寵膺功九列升精格百靈盤地軸力驅二瀆避山陵符卿秩輯諸侯瑞柱史人如六月氷白馬不須沉瓠子分明名世翊中興

二

眡日玄圭錫未央繡衣封事勒旂常風裁舊避乘驄使　恩命新頒尚璽郎功在　寢陵優禮數志傳講洫習朝章河流萬禩渾無恙湯沐重瞻節鉞光

門人徐比部恤刑江北過訪二首

帝里爰書簡命催停驂猶對故人杯不緣啣詔金雞

至何得當蓮玉樹開但使陽春回黍谷只教秋月照
婺沓竝車自體　君王意莫問高門駟馬来
二
法星昨照覆盆多更枉干旄問薜蘿湯網已開三面
解翟門猶喜一人過出藍羨汝青尤勝尚白慚吾玄
柰何自是歸　朝饒雨露九衢驟裏看鳴珂
丁酉元日
今年行年四十四無那白髮星星悲　君恩親恩各
浩蕩酒態[illegible]態空淋漓作晴更開鸛群喉以凍嘗見

梅一枝红蘂潦倒自吾分謳歌忻忻全盛時

豫章任父王孫名父之子少而能詩訪余山中

賦贈

千里何來訪華門風流今代得王孫苑無鴻寶堪相

秘匣有龍泉已自尊樂善不須宗正法通親終荷

聖朝恩亦知授簡非吾事詩律仝君細討論

任父王孫仝江大飲小園

德星昨傍浣花莊駐馬啣杯興轉長二仲敢云從蔣

詡八公應得侍淮王山光帶月娟娟净草色含風冉

冉香自是滄洲生事在莫将吾道問行藏

再贈任父

豫章才子故翩翩握手江城意湫然俠氣儘教吾輩在詩名不受世人憐自慚作賦楊雄老誰似傳經劉向賢恰是淮南招隱地王孫芳草若為緣

春日仝汪氏兄弟郊行飲

春郊春日縮春愁咲折桃花當酒籌謝氏弟兄皆雋秀陶家丘壑自優游狂拚市遠千山暝晚怯衣單二月秋但使江湖常不負與君俱作醉鄉侯

是日更與汪氏兄弟飲曾六新贅婦所亦在郊外噱而得詩

步屧尋春載酒遊野蔬還爲野人留喜看牛女期何早夢入池塘句已酬選勝秖應頻駐馬忘機端擬不驚鷗接䍦倒着渾忘却月色歸程意轉悠

丁酉寒食

一百五日花如烟四十四春春可憐莫嘆龍蛇自不偶即呼牛馬吾油然青山不妨了詩案白雪耐可克洞[illegible]嗟洋翩翩者誰子鬭雞樹底仍鞦韆

仝汪氏兄弟謁尊甫別駕公墓公強記為里祭

酒余童子時辱國士之知

平剌風流衆不如墓多宿草為[illegible]知[illegible]一坯轉恨長埋

後三篋難忘強記餘獨行蚤[illegible][illegible]傳少年親受蔡

邕書亦知堂構諸君在自是西州慟欲紓

汪四莊[illegible]挿秧

梛陰深處即柴荊有客招[illegible][illegible]行看竹馬嘶寒野

色挿秧人語雜溪聲敢將種豆南山詠只為開尊往

海情濁酒[illegible][illegible]能送否與君[illegible]抱[illegible][illegible]傾

外父無號山人七十

山人避世仍墻東七十矯矯真秋鶴耕鑿寬在壽天
氏姓名但喚商山翁眼前氷玉自不及膝下芝蘭誰
能同咲揹醱醅釀江水一年一度酡顏紅

雨晴

輕雷送雨過山城小閣疎簾晨枕清心與兩間都浩
蕩眼中千古獨分明不知何物含香更恍記前身濾
酒生月色飽看吾欲曙隔溪猶聽釆菱聲

李仲白飲小園惠佳句奉和四首

疎星昨傍野人居已分蓬蒿逕懶除交誼江湖應更

少主恩丘壑不曾踈酒酣菡萏香堪把詩就芭蕉

淨可書相憶行藏莫相問花間流水自成渠

二

何來剝啄問荊扉江上鷗群已息機穩步未論会都

是掉頭真覺昨還非解嘲喋喋吾猶拙得御沾沾[illegible]

自稀莫怪剪蔬頻送酒也應丘壑假霜威

三

浣花溪上草堂深有客翩翩問盍簪疊石敢云司馬

法疏泉聊作卧龍吟竹因徑入成佳事鳥為頻來弄好音此别與君須努力江湖廊廟更何心

四

幾年魚鳥自沉冥何物柴門傍德星我已避人頭半白君胡知已眼還青才名落落仍貧病世事悠悠有醉醒他日定饒鍾鼎業可能回首草玄亭

仲白書中更得黄漢州見惠之什賦荅四首

小築秋來事事幽新詩天畔若為投已從北海陪詞客更向東陵識故侯和璧隋珠應自羡水凫山鹿復

何求勝游亦有浮槎興倘許平原十日留

二

與君江上各烟蘿孰與君詩粲粲多百里河山雙傲骨千秋天地一悲歌故人不敢狂題鳳道士應知欲換鵞况是龍門尤尺咫向来僑札近如何

三

連枝標格向来聞况復風流挺不羣知爾山中餞小草令人地下憶脩文氣蒸淝水看雲起星到廬江入斗分莫問五湖誰更長汪洋千頃自夫君君弟黄二余亡友

四

五柳先生漉酒巾偶然江上問番綸攜来白雪千秋在哂去黄金四壁貧野態渾從鷗鳥狎交情偏向布衣真開函更擅銀鈎美愧殺當年問字人

寄豐城李明皐憲副

幾年長嘯谷江烟知爾冥鴻更湫然襄水漁竿應自老豐城龍劔為誰懸提戈東海鯨鯢裏採礦中原豺虎邉時事不妨安石卧相思無那夢魂牵

幌楚人王一鳴余于王無生平之素而稔其高

才早夭悲之

萍踪訊問生前隔萬里哀辭死後真每為憐才追異代忍從當世失詞人才高沈謝休前輩命薄盧王更後身宦日若求封禪草漢廷詞賦許誰倫

偶成

幾年芳草閉門深展帙聊為擁鼻吟愧我傳成元凱癖從人書喚孝標淫交經三、點應多態事到千秋合苦心莫咲楊雄空寂寞感時還有百官箴

病

睡起踉蹌強杖扶浣花荒逕哭僮鋤三年善病如時
宦萬斛多愁似賈胡巴峽青雲無羽翰尊憐白雪在
頭顱姓名自是鴟夷子只合扁舟泛五湖

送郡幕從守入覲

坐嘯功曹口是碑喜從方岳覲丹墀專城玉帛來三
殿入幕氷壺映一時天到薊門春色早澤留滁水福
星垂此中太守原高第分得黃金爾自知

寄蘇子長右史渠以詩索序于余

一別風塵兩鬢知開緘翻似夢中時慚非玄晏先生

敘詩得青蓮居士詩亡恙家聲仍曳履不妨官况只
啣卮梁園授簡多清暇可念江頭有釣絲
陳志玄游越粵歸而示我侄宕圖賦贈
見說翩翩賦遠游歸來應擁敝貂裘有無爲宕如圖
畫曾否羅浮得唱酬曳杖不妨仍五岳揮毫只合占
千秋他時倘蠟登山屐畏爾題詩在上頭
壽少保尚書褚公四首時予告
間氣曾聞嶽降初即看鐘鼎更誰如功番社稷多封
事論在河渠有特書苦遲不妨仍聽履草堂亡恙合

懸車股肱自是　君王託分得嵩呼萬歲餘

二

已從　恩詔乞青山春日春尊好駐顏朱紱會須拋
物外赤松原只在人間　三朝竹帛題名重千里蒲
輪擁傳還老去非熊如卜獵釣竿涂水未應閑

三

蕭相原來鼎宿精轉輪功已冠　朝廷暫歸草木猶
感望優詔江湖尚寵靈自昔人間看鳳翥于今天上
羨鴻冥荀家況是高陽里濟美何妨占一經公八子

四

誕日温綸許息肩行藏真荷　主恩偏須知遺愛如羊祜即是長生有偓佺若箇能辭丞相貴何人不嘆大夫賢　至尊祝噎尋常事可但凌烟畫獨傳

過来安贈冷尹

幾從入境聽絃歌下榻猶慚孺子過縱是一城如斗大也應萬口似碑多情深為我頻投轄宦達知君欲夢禾粟里自饒三逕在干旌只恐傲漁蓑

春日浣花莊課門人偶述

春日鶯啼小閣幽問奇遠似友聲求艸因講學多書帶石為談經亦點頭弟子文章誰五色野人丘壑自千秋只今豈有三台象頌得啣魚愧爾儔

贈李旭山中丞忤 旨致仕中丞以舊寮時存問余

批鱗又見重臣歸恐為東山遂拂衣猶冀 君王停権使不妨公輩在漁磯交經貴賤情仍劇事到安危諍亦稀遥憶括蒼龍卧處欲[illegible]五雲飛

楊道行集卷之十二

目録

七言律詩

懷朱可大二首　可大以忤旨謫戍諸公申
救得爲民
荅天長黎尹見懷　懷嚴應文
酬門人張季彥舉人
賦得順義王扯力克得樵字二首
門人楊曲沃以書見慰荅之
癸巳至日二首　遣興
日暮　冬夜偶聞
贈外父無號翁　甲午元日二首

樊明府欽之前御史枉顧并惠修書貲賦謝二首

和樊明府夏五喜雨兼爲學宫多捷之兆二首

寄賈魯瞻

暑中欽之見訪二首

草堂

滄洲

飲田家

甲午九日

作晴

欽之弟玉衡鄉薦二首

訪賈魯瞻

楊道行集卷之十二

全椒楊于庭著

七言律詩

壬辰南宮余以職方郎鄒孚如以文選郎叅分校鄒校禮余校詩[illegible]

共爾掄文翰墨場黜浮亦似宋歐陽已知水鑑歸銓吏絕勝包茅貢職方繇筆萬人千氣象青萍百粹見精光諸儒詩禮家無數若個先升白玉堂[illegible]

諸將三首

近聞海上尚揚波使者樓船未返戈我已迂狂今及
此國方紛擾竟如何亂來思古才應少賤後論文態
轉多投老可能瞻日表洗兵誰為挽天河

二

反書憶昔日交馳　天子臨軒怒赫斯武帝自誅荀
彘使令公實敢相州師何知覆兩巘成謗却悔移山
已是愚安得普天皆息戰老農常醉太平時

三

朔方歲歲患天驕十月胡兒擁射鵰關障豈無秦屏

許將軍不是漢嫖姚徵兵雲谷終非計轉餉東南半已凋寄語河湟諸長吏流亡誰達　聖明朝

癸巳九日二首

去年九日波濤衮今年九日歸莓苔有田多牧歲十斛無病強醉時百杯冠服已與牧豎狎姓名何用漁翁猜幾拚登高懶復罷巡簷索笑寒花開

二

驚心今日是九日回首昨年又一年白日赤羽爾何急黃花紫萸誰爲憐未塡溝壑已厚幸即辱泥塗應

暢然便與南隣田父飲醉歸明月横前川

西墅

看山小築城西墅但見秋雲片片来漸喜交游無一字不妨愁病只深杯盤渦浴鷺鷥人去小閣寒花向客開補袞畫麟時輩在行藏吾已卧莓苔

浣花莊

近闢吾莊一畝宫浣花亦在小溪東釣名敢學山中相避世聊從河上公病後濁醪堪自遣興来新句為誰工黑頭返服真非易大可嫣然傲菊叢

田家看竹留飲夜歸

傍舍有竹高出雲對之陶然忘夕曛已將百杯謝壓事何可一日無此君月出當筵更皎皎夜歸拄杖還醺醺若逢醉尉呵亦得莫道余是故將軍

隣翁送酒

山中病肺惟高枕日日柴門午不開偶喜鄰翁攜酒至何期野艇得魚迴割鮮率爾無兼味取醉陶然只數杯黃獨紫芝應自老暮笳清角為誰哀

送彭應壽守南康

春滿匡廬月滿湖風流能似使君無綰符況得兼丘
壑卧閣真成一畫圖何物雙龍占氣色有時五老對
招呼洞中白鹿如相見道我行吟只據梧

懷朱可大二首可大以忤　旨謫戍諸公申救
得爲民

近聞嚴譴放江干想見憂時淚未乾我已不才甘棄
置君今何事更艱難莫矜抗疏名猶重得齒齊民澤
已寬能丨此生相晤否相思誰爲問平安

二

憶昔周旋供奉年隣居嘗贈郢人篇畏途自是同心契失路誰爲見面緣別後論詩仍健否向來對酒只凄然好將一掬思君淚寄到長江若箇邊

答天長黎君見懷

仙令琴堂秋水清授來瑶草露華明青山玩世余三黜白雪驚人爾一鳴賸有時名憎計拙渾無官態覺身輕工文自是妨簪組莫學當年太瘦生

懷嚴應文

與君同是倦遊人恨不如君早乞身蜀市何妨開肆

卜桐江無恙着絲綸歲華閱盡秋將晚交態諳深老更親他日五湖能見訪鴟夷莫問姓名真

酬門人張季彥舉人

拙宦何能吐一奇投閒丘壑雅相宜秋來紈扇應捐汝老去蛾眉可怨誰屋裏青山堪隱几籬邊黃菊好銜卮門人只有侯芭在為念楊雄寂寞時

賦得順義王扯力克得樵字二首

貢市羈縻自 聖朝敘功歲歲國恩饒金繒未分諸蕃馬文武先簪八座貂四海軍儲應半竭九邊戎籍

豈全駭追慙樞莞真無補只合歸休伴野樵

二

半傾中國飼天驕一入臨洮草木焦經畧豈須煩制使神靈只是仗　先朝白登實就陳平計西域虛從憍望招九塞幾人談俎豆五湖何處問漁樵

門人楊曲沃以書見慰答之

高弟緘書問寂寥驚魂今日黯然消仲舒已為春秋誤宋玉何須楚些招豈有雄名堪睥睨不妨清興足逍遙許身稷契諸君在奚必巢由可事堯

癸巳至日二首

至日陽回黍谷知天寒風急鴈飛遲梅花欲向先春綻葭管應從子夜吹多病支離唯檢藥無官樗散只斷危宮中一線添何似滿眼氤氳有所思

二

經旬藥裏病初蘇長至梳頭強杖扶恰喜一陽回宇宙不妨雙鬢對江湖望中雲物依然否夢裡 天顏似舊無此日閒歸聊靜攝應門童子莫驚呼

遣興

醉踞青山也自豪狂歌白雪爲誰高已栽彭澤先生柳不問玄都道士桃萬籟依然仍世態千秋無恙自吾曹少微莫更干星象滿地江湖日日濤

日暮

休嘆搖落鬢如絲一紙曾驅百萬師罷去圖書無舊業老來耕鑿有明時雪晴排闥千山出日暮歸林獨鳥遲九塞莫嫌名姓在扁舟吾已喚鴟夷

冬夜偶聞

匝樹歸鴉晚不飛上林寧復問芳菲已知碩果存無

幾可耐東風落更稀日至尚驚春寂寂夜深空見月

微微傳經抗疏心俱折不是飜然好拂衣

贈外父無號翁 有序

翁與先大夫九人為詩社今其八人者亡矣翁近詩一章慘不可讀蓋一以傷故舊之凋喪而一以懼壽命之不長云余為詩廣之兼用為祝然愴于蓼莪不自知其淚之淫淫下也

忘悲桑扈返於真一老巋然酒漉巾憶昔盍簪無舊

社至今挂劍獨斯人逹生已悟蕉中夢玩世何緇陌
上塵每念香山如父在大椿常對歲華新

甲午元日二首

二十二年須正朔青陽左个坐垂衣身當盛世老將
至眼見故人今亦稀半凍柳梅含蕊蕊乍晴瀟瀟美
睥睨谷來但酌屠蘇酒莫傍五盧望少微

三

百年此日煎何急元日今年感倍多鍾漏于人既無
分江湖從此莫虛過且乘月令拚游賞恐對春風不

醉歌若道駐顏須大藥隙駒安得魯陽戈

人日效唐人應制體

人日鶯啼淑景催金屛寶帳勝初裁凍含宮柳千條暗暖入階蓂七葉開御氣青陽瞻左个卿雲黃道接中台江湖廊廟皆恩澤慙說當年侍從才

風雪

經旬病肺朝慵起愁見春來日日陰亂落雪花寒大劇怯開梅蘂凍難尋轉頭生活無長計祇覺蹉跎負此心偃卧閉門吾亦得陌頭車馬濘泥深

述懷限韻

一謫雲霄隔萬重難馴敢謂性爲龍明農雅習占晴雨養士深恩荷祖宗對酒漫邀千樹月哦詩只倚兩株松白頭黃犢差仍健不厭漁夫數過從

瓜州阻雨

扁舟江上路迢迢行李猶餘敝黑貂雨氣北迷瓜步樹水聲東控海門潮半生雞肋悲前事千古龍吞憶往朝日暮臨流情不極胡床箕踞聽吹簫

京口舟中

已向　君王乞此身扁舟閒岸白綸巾春來浦漵迷
吳樹老去荷衣似楚臣京口鍾聲雲外寺廣陵帆影
霧中人酒酣拄杖磯頭立一曲漁歌月色新

金山寺二首

岧嶤遥峙大江東襟帶三吳百二雄浮玉山疑龍伯
國布金人在梵王宮上方鐘磬明霞外下界帆檣夕
照中自是凭欄多感慨鯨鯢駭浪正匆匆

二

爰從宇宙此山浮屹立東南擁上游地載巨鰲還萬

仞天開靈鷲自千秋潮聲灩澦翻黿窟日氣扶桑射
蜃樓登覽渾如緱嶺鶴不知何物勝滄洲

過丹陽懷姜仲文大參前督學時宅憂

少年通籍共君恩三十超遷岳伯尊行省金湯兼
列郡諸生桃李在公門雲霄自識交游少丘壑誰憐
故舊存縱使蓼莪詩總廢也應離恨為消魂

申敬中繼同吳葉二都諫遊虎丘

五嶽盧敖興不踈崔嵬拄杖意何如點頭石自談經
後濯足池從鑄劍餘風俗吳歈傳往曲山川越絕憶

遺書諸公出處關天下　汀鴈江鷗獨媿予

再贈敬中武庫

一從嵩嶽降生申公子翻翻至作人武庫爾應稱博雅文昌誰不想經綸賞心花石春將暮把臂漁樵晚更親此別與君須努力山林鐘鼎各天真

岳王祠

王業神州已陸沉將軍祠墓肅陰陰和戎社稷渾無策報主乾坤只此心原草尚含南向恨寒鴻空斷北來音尤憐十二金牌詔父老攀留淚滿襟

遊西湖

已得身閒傍此湖湖間春色屬漁夫躡衣峰舊從飛墮放舸人今在畫圖太守有堤仍宿草將軍餘墓只寒蕪繁華流水君休訝且向花前倒玉壺

謁于少保墓

少保祠堂俎豆新當年定難憶斯人叩閽曾識書猶在象冢祁連詔未磨飛去五龍扶日月轡回八駿翊乾坤忠魂岳墓常隣近千古傷心社稷臣

荅孚如

籌邊無計鬢空斑九折[illegible]叱馭還臣罪有[illegible]覓白

簡　主恩猶自乞青山廬敖挂杖身羞[illegible]范蠡扁舟

夢亦閒七澤可能容釣餌與君披老白[illegible]間

樊明府欽之前御史枉顧并惠[illegible][illegible]貫賦謝二

首

歸來垂釣息風湍小隊何勞禮數寬百里乍看鳧是

爲萬人曾避豸爲冠文翁化俗心猶在賈誼憂時淚

未乾不是霜威容傲骨野蔬安得罄交歡

二

老去東門學種瓜貴然驄馬意偏賒草堂貰已遺王
部菜里錢應付酒家自識榮名如嚼蠟何妨長路有
含沙與君只合尊前醉肯向春明問歲華

和樊明府夏五喜雨兼為學宮多捷之兆二首

得歸茅屋學明農猶喜商霖膜後逢雨為隨車千畝
潤雲疑停蓋萬山重一犁此日占豐歲十斛何人不
素封知爾龍門波浩蕩也應江鯉願為龍

二

使君卅澍若為期田父扶犁慰所思觸石豈緣離畢

夜翻盆偏趂出雲時須臾造化吾何有咫尺精誠衆
不知二頃自折枝老處頹然野眺一題詩

寄曹魯瞻

同病誰憐久索居美人高枕獨躊躇風流舊識含香
吏日月猶懸痛哭書薜荔山中堪自把刀鐶天上定
何如行藏各有　君恩在莫向滄洲學釣魚

暑中欽之見訪二首

慵病柴門午不開傳呼剥啄使君來魚窺繡旁翻青
荇遲蹋花驄破碧苔傍檻篁陰從岸幘當筵山色對

銜杯風流河朔吾曹事遮莫頻頻畫漏催

二

卜築瀼西一草堂千旄提曳問滄浪松篁對酒含風淨荷芰留人帶雨香駐馬不妨馴鶴逕聽鶯只在浣花莊炎天帷底渾無暑自是行臺六月霜

草堂

清簟疎簾擁槁梧草堂深處一潛夫花間流水非人境樹杪行雲入畫圖得句敢爭詩社長有錢只付酒家胡壯心習氣都灰盡懶說當年舉唾壺

滄洲

丐得君恩歸敝廬天涯生事問樵漁已知竟是蘧蘧夢猶喜曾無咄咄書癖性不妨詩律細寧真應與世人疎滄洲吾道依然在莫怪淵明手自鋤

飲田家

獨坐箕踞慵着冠田翁過從時一歡鮮鱗落砧白潑潑香攜滿籠紅團團旋檢曆日看節序促裝綿衣防驟寒甕頭釀秫恰已熟痛飲無問秋來乾

甲午九日

九日衣單未授綿家人生計更茫然陶公自愛籬邊菊阮氏猶餘杖底錢但使江湖供野釀不妨風雨妬秋天登高欲望長安道無那迢迢隔暮烟

乍晴

杖藜徐步蔚藍天瞥見農人佈麥田久雨苔痕生几下乍晴竹色到尊前山園柿熟攀猶脆秋水魚肥割尚鮮禹稷總輸巢許趣一竿江月一犂烟

欽之弟玉衡鄉薦二首

續食賢書貢帝京季方難弟盎知名爲鵬自擊三千

里抱璧先償十五城楚國有材饒大廈謝庭無樹不
芳楚萬言廷對須攄盡臺上黄金已築成

二

曾從鴈序識雄文暫見飛騰五色雲解額褒然三楚
士美名何減大馮君江流畫起蛟龍窟夢澤秋盤鵬
鶚群他日匡時昆季在棣華荆樹向来聞

訪賈魯瞻

天上曾陪供奉班生涯握手問青山長楊我自非文
似宣室君應有召還話舊心傾千里外憂時淚墮一

杯閒懸勤為勸寬相憶斷得參苓好駐顏

懐遠唁楊行可職方宅憂

唁君讀禮在蓬蒿余亦行吟泣楚騷唱和塤篪非異姓後先樞筦更同曹心如淮水悲常咽鬢有荆山價自高莫以蓼莪夾仕進故人翹首望綈袍

自遣

栗里先生低角巾家無擔石不辭貧出門野服羣兒笑入寺山殽老衲親身外苦吟猶物役眼前長醉獨天真晴簷曝背捫衣虱自信羲皇以上人

雪中欽之見訪

翻經初對十牛車小隊傳呼掃雪花敢謂衝寒留上客偶然乘興到貧家日暉曲檻融融藹風急回簷故故斜但使洛陽占歲稔閉門僵卧不須嗟

乙未元日

元日三年隔紫宸天顏應共萬方春遥知早夜擐衣處正是嚴城待漏人蓂葉定開明聖世椒花偏媚太平身願隨陽氣噓枯木腸斷寒雲淚滿巾

有容

春盤春日酌屠蘇有客高陽舊酒徒入座敢辭鸜鵒舞傾尊寧問鷓鴣沽已從狂態忘交態轉覺窮途勝畏途不信德星今夜聚也應江上一潛夫

謁南玄戚先生祠同樊使君作

給諫祠堂古木蒼森森正氣護宮墻遺書一代南山重封事 三朝北斗光使者叅求徐穉墓門人猶記鄭公鄉 君王佇有中牢祀為採先臣諫獵章

愁

三年伏枕只書空江上猶餘一畝宮心似孫登還向

日身如飄絮不勝風是非自合隨淮橘得失何須問

楚弓共說解憂唯有酒酒酣愁緒只匆匆

留欽之

德星昨夕傍吾廬門外驚停長者車小隊自諳三逕

菊貧家相對一床書江湖牢落憐同病日月崢嶸愧

不如恰有百錢堪貰酒與君毋老莫情疎

乙未初度酬樊欽之二首

曾將名姓挂朝簪老去江湖混跡深貧米揔成遊子

恨懸弧空抱壯夫心寧知得罪非懷璧猶喜論交有

斷金四十二年吾底事與君聊誦白頭吟

二

一自鴟夷改姓名幾從雞肋愧吾生馳驅兩署無經濟養育 三朝有聖明自信東方非太歲誰云李白是長庚故人莫問刀頭約到處滄浪可濯纓

寄賈魯瞻

九閽一籲各風烟夢裏刀鐶亦邈然鐵羽儘從三逕在批鱗不必萬人傳交經貧賤應相棄事到艱危且自全擬筆寄君腸欲斷江湖攜手定何年

端午前一日欽之招飲

令節明朝與莫孫蒲尊今夕亦相呼賜衣故事猶存
否競渡騷人更有無暇只修逃暑會時清寧問辟
兵符不緣伏櫪思千里肯信狂夫擊唾壺

贈滁州羅使君

露冕行春近若何使君為政有謳歌携來南海明珠
遠潤到環滁時雨多自信鞭蒲緣訟簡共稱賣劍得
民和閩潛可是江州客栗里能忘載酒過余屏居里使君時蒙
過存

飯南龍寺壁間有先大夫題

龍山山下有招提一笑逢僧似虎溪經譯法華塵作浣飯留香積日彷低座中樹色開名勝壁上苔文蝕舊題手澤依然吾忍讀斷崖秋色若爲淒

過許氏莊

有田差喜離城市歲歲秋成此駐驂官態掉頭渾似夢世情經眼不須談蓮花白酒彷招社槲葉蒼山已結庵莫道野人生計拙向來農圃得深諳

朱村坱別業

朱村墺邊茅簷低有客駐馬纔日西夕晴稻田見龜
坼向暝漁子還雞栖秋色冉冉自落葉山光晶晶誰
杖藜一杯藉草更趺坐醉眼明月橫前溪

望獨山

岐余望之崔嵬嶺欲往恰值秋風顛不是峰巒無拱
向秪緣培塿見巋然鴻穿落日冥冥去岫度歸雲片
片懸登眺不勝今古慨禰衡賈誼為誰憐

朱村墺觀秋水

巖栖已嘆巢居子瓢飲還從河上公秋水蒹葭攢蚤

霽晴天鷗鳥趐高風沿溪浣布此村女小艇綴罾何處翁相望伊人不相見向来萍梗各西東

朱村古堤秋濤洶如是為吾庄一巨浸得後為

詩

灌河河水正淋漓縱目臨觀及此時不信鮮珠逢漢女也疑擊鼓有馮夷魚龍日抱洶洶窟黍稷秋漂奔陂便合移家狎漁父鹿門嚴瀨是吾期

錫山訪顧叔時季信兄弟二首

一踪翩然下帝京相攜江上狎鷗盟陸家宅向東西

任何氏山餘大小名巳自廻車忘宦態還從接劍識

交情秋風我亦思鱸鱠遮莫人呼老步兵

二

歸來生事只滄洲知爾風流似虎頭春草幾囬康樂

夢故人初訪剡溪舟璵璠對把依然在鴻鵠雙翔不

可求為問惠山山下水也應澆得醉鄉侯

京口道中懐樊明府

逐客萍踪江上舟相思浩浩對江流知君定有鳴琴

興念我能忘鼓枻遊縱泛清尊能卜夜即看黃菊亦

悲秋歸時倘話西湖勝一酌還消萬古愁

漫述

廿年蹤跡濫朝參狂態其如七不堪心似子牟依魏闕身如太史在周南言尋白社頻移棹為愛青山小築庵莫怪尚平游五嶽向來益損易中諳

寄南少司馬許敬菴先生二首

安石東山海內知雄飛尤喜際昌時兩都八座星辰近一歲三遷日月私地厭黄金仍王氣風馳白羽自樞司夔龍事業須公等江上何妨老釣絲

二

斗氣朝來湍石城四夷司馬舊知名天留豐芑歸南國帝爲鍾山借夏卿曳履日高玄武仗凭樞霜肅羽林兵璽書召對須臾事莫道滄浪有濯纓

贈陳以成督學

通籍全君入建章秋天鵰鶚羨孤翔西臺夜起冰霜色南國晴懸水鏡光簪豸萬人開道路蚪魚諸士頌門墻公餘定攬三吳勝惠我能分大國香

乙未長至

奎日鳴珂集鳳樓三年回首夢悠悠葭灰未送幽巖
暖宮綠先添逐客愁佳節頻過傷老大清時無恙樂
優游閑闊只向齋頭卧肯為飛鴻放遠眸

懷吳幼鍾

不見皖城吳給事索居肝膽向誰投可憐賓客去畧
盡欲問寒温還復休天柱閣頭定一嘯長風沙邊能
幾遊江湖落羽各揮淚腸斷故人俱白頭

丙申元日

五夜椒盤催曙景萬家爟炬鬧元辰江湖更布三陽

氣歊歊猶餘四海身有意名山終是癖無情流水不
須嗔東風應解江干凍為傍漁航理釣綸

入日樊欽之招飲

繡衣携醞及佳辰折簡招邀意轉親雙鬓江湖星是
客一尊天地月為人座中雪色仍拖臘笛裏梅花欲
放春應制定知頒綵勝也應簪筆屬詞臣

穀日立春

東郊穀日喚春歸坐對晴雲靄靄飛三殿特恩唐綵
勝百官遺事漢青衣皆蕒八葉迎風動宮柳千條弄

雪暉獻歲只祈終歲稔爲民寧忘小民依

五日獨酌率爾拗體時乎久燥

五月五日亦不惡荷花榴花紛披開臂絲五色爾何意角黍千秋人可哀襟懷轉愁東蒂至蘊隆但想翻盆來無心百草鬪年少兀坐酩酊菖蒲杯

大行 仁聖皇太后輓詩四首

大孝嶽稱萬壽春彌留猶念 嗣皇頻尊從嬀汭嬪虞日慈比塗山誕啟人毋訓定存垂百代 天顏何似慰群臣亦知 陟降神如在無那音容逝此辰

二

地軸俄摧厭歲華萬方奔走觀外遐思齊自合昌姬

祚明德何須數漢家　帝為桮棬悲視膳人傳霎柳

憐吹篪女中自昔歌堯舜　徽謚稱天未是誇

三

君王龍袞作斑衣萬國懽心養更稀詎意雲軿還寂

寞頓令　天表失瞻依人間褘翟春難駐地下金鳧

夜不飛　先帝玄宮原咫尺九疑無恨未同歸

四

大漸深憑玉几時諄諄顧命小臣知媧皇五色空遺
事文毋千秋有夢思翟畫卷衣天不弔鷄鳴問寢
帝無私江湖亦是鵷行舊灑泣高旻自詠詩

初秋

焚香開卷坐来幽瞥見梧桐一葉秋殘暑畏人頻開
閣晚凉呼月獨登樓蜂依房蜜啾啾動龜貼池荷款
款浮刈稲搗衣生事在隔年豐歉不須憂

別張翁之浹甸而訃至哭之

一閟重泉不復春向来握手夢中身百年尚記交驩

處旬日翻為死別人只有業名高月旦也應神物離
風塵他時慟哭西州路可但山陽淚濕巾

己亥元日二首

椒花頌罷酒盈觴老向江湖憶廟廊獻歲青陽居左
个迎春蒼玉出東方閉門自愧貧仍病混俗人嗔醒
亦狂昨夜捷書傳海晏年年含哺荷　君王

二

一自歸來長五湖幾從元日對屠蘇須知歲序成雖
讌即是　君恩賜大酺菰陳短簷梅乍吐怯寒叢樹

鳥相呼春光耐可欺星鬢難道今吾非故吾

寄梅禹金文學往歲得詩刻并書

風流江左向來聞枉得翩翩白練裙躭句也嘲窮傳士畏人莫道故将軍但教自起千秋色不必相期十日醺遥憶敬亭山下月清光何處對夫君

懐吳幼鍾以河南參政自免二首

薇花行省正雄飛念爾翩翩遽拂衣四岳若猶裨衮黼兩河何必減漁磯可憐朝野憂方大只恐山林興亦稀相憶加飧須努力天涯涕淚不堪揮

二

六百何如免曼容分藩歸去匣芙蓉也知入洛官仍達無那游梁興已慵户外煙霞應傲客人間風浪不關儂皖城名勝堪招隱卜得青山第幾峯

楊道行集卷之十三

目録

五言排律

東昌賦得鐵布政鉉遺事
荅孚如二十四韻
暑日陪樊明府飲王禮部兄園觀打魚河上
金八讀書軒十二韻
龍山寺　行經　皇陵
愁　為園
寄贈樊玄之進士
贈和州曾使君三十韻
奉寄少保楊公四十二韻公時以書并紈扇

楊道行集卷之十三

全椒楊于庭著

五言排律

贈顧道行二十二韻

昭代重熈運明公挺作家山東逢李白江左見張華
氣爽琴書淨春饒翰墨葩吳門鍾輿寵笠澤起僊查
經術傳於越謳聲滿若耶虎頭家益振鵬翮路非賒
白下篇篇麗黃初字字嘉吟壇都辟易騷客漫紛拏
畢卓豪何忝山濤跡未遐居閒稀啟事長醉是生涯

南署青綾被東方白鼻騧鵬盤群自別豸觸衆無譁
晴旭掄詩帙寒霜拂劒花幹時千里駕羅士八紘置
顧我叨分虎為文癖畫蛇徽名緣忝竊清問已交加
官屬優孫楚生平荷叔牙飛揚關夜月濵淳落秋霞
經愧桓譚好書容蔡氏誇名山爭硉兀大國豈滛哇
乍許窺山豹猶憐坐井蛙相看如玉樹萬一倚蒹葭

荅鄭孚如二十韻

天地扶吾道山川毓此人產來雲夢澤現得宰官身
醞藉包河嶽沉冥詰鬼神鳳毛誰得似龍性自難馴

一入金門裏時披玉笥新西垣依日月東壁切星辰
芝草箋頭色薇花署底春鵷行唐閣老鷄舌漢宮臣
已自推時彥何曾問要津　至尊方籲俊小宰必殊
倫特簡登韓愈名流識呂溱玉人神獨爽金鏡鑒無
隣羣吏歸陶冶三銓領縉紳朝端增喜氣天下望清
塵叔夜狂彌癖山濤意益親魂来翻覬豁書到轉酸
辛白雪爲名誤青雲見爾真酒錢何處乞詩債幾人
嗔道在從醒醉神全有屈伸何時對飛動猶未老麒
麟

夏日同李和元莊中益避暑水月寺

樗散逃囂境皈依即上方林蒸炎氣逈潭沁野雲凉並慰青蓮晚生憎白日忙四禪緣不偶二妙意何長北海忻陪李南華乂悟莊途猶纒世諦神已到空王自哂魔軍苦誰標佛印光三車須共載雙樹得同行妙理容精詰機心忽澹忘枯松閒錫杖深竹隱繩床白氎巾還著青絲履不妨座中皆管鮑方外有支湯聽法龍依鉢參禪鴿繞廊渾無煩執熱祇覺淨生香汲水蓮花潤鳴鐘柏葉芳宦情拚黷淡詩思接蒼茫

日暝悠然罷清時頌太康

壽無號山人

不用知名氏江湖一散人閒吟青玉案醉岸白綸巾甲子重週日乾坤獨樂身澹心鷗自狎清思鶴相馴谷以一愚得株從七逸隣紫芝之山下曲白石洞中春釣月還堪老鋤雲不當貧願公千百歲飛入武陵津

贈陳玉叔

是物關真氣何人得妙詮偶逢陳伯玉已失李青蓮璞以荆山韞歌從郢客傳揮毫驅春草接翮横秋天

虎節臨淮日籤叢校蜀年九丘都默記吾篋獨精研
愛客多酒債購書空俸錢文工仍顯達行獨轉騰騫
行省平章貴諸侯岳伯尊武夷春拍拍滕閣月娟娟
地坼吳江闊巖排楚樹圓憑陵餘物色陶冶一詩篇
白鳥窺簾坐青山對閣眠王人徵自哂客子倦誰憐
識面薇花裏傾心竹葉前閉門余寂寂驚座爾便便
牛耳推先執龍門忝夙緣片言傾海嶽高義薄雲烟
下榻迎徐穉降階揖仲宣狂容誇幞被貧喜剩偷氊
不朽須公等千秋幸勉旃

鄒孚如謝病歸雲夢

雲歸巖際宿君亦卧雲岑試問巢由耳何如綺皓心
世人從咲涕吾道豈浮沉習靜飱三秀全生戲五禽
青緗堪自把黄鳥若爲音暑浴荆山葛秋吟楚户砧
恩波休沐重日月著書深僊子住姑射丈人居漢陰
劔芒朝射斗杯瀣夜横參芝草知誰拾桃源許獨尋
山中窺隱霧天下望爲霖公以愚名谷賢應竹是林
欲歸歸便得雞肋愧朝簪

白溝

虎鬪山東日，龍飛薊北秋。三千驅戰士，八百會諸侯。
藩邸開黃屋，王師下白溝。丈人詢後載，長子借前籌。
京觀鯨鯢泣，軍聲草木愁。吠堯原爲主，事項豈全仇。
世祖雖興漢，頑民不事周。人烟稀赤縣，殺氣亘神州。
纍纍擒秦帥，紛紛繫楚囚。梯航通上國，筐篚貢窮陬。
百戰金符定，三山玉筍收。代王天所授，少帝爾何尤。
荒草猶山堞，饑烏自戍樓。天陰春寂寂，夜月鬼啾啾。
古鏃行人得，遺弓敗卒留。風雲應不數，魚水若爲投。
列爵河山在，元臣勳顧優。英雄歸太度，宇宙仰洪猷。

創業從茲始貽謀迥莫儔經過重懷古瞻望淚橫流

東昌賦得鐵布政鉉遺事

已是封疆吏臨危敢愛身自甘爲殉大不肯作完人
吞炭思依趙投鉛想扑秦赦猶寬季布死忍後張巡
德澤
高皇厚肝腸[illegible]真斷頭爭社稷赤族爲君
臣徂擊心猶壯從亡事竟淪見機雖不得殉節果無
隣生氣歸天地陰風泣鬼神　景朝公論定柱蹟斷
編新化血空丹草殘骸自白蘋從來拚萬死寧爲畫
麒麟

答孚如二十四韻

不謂分攜後風湍遂若茲流言君不免失路我何悲
憶在狼驕日憂深豕突時妖氛纏八極殺氣滿三垂
士女搔頭泣　君王拊髀思論才重賈勇借箸局難辭
危盤櫛勞負釁干戈告旨支羸心解瘡愈振臂破群
疑許國猶拚死無家豈有私旌頭驚雨落雉尾喜雲
披大賚沍天闊孤踪草木遺鳶魚仍苟活日月已含
慈吏議饒輕典　皇恩放朽姿白畦容負耒渌竹許
嘶危别汝彌年歲銷魂各路岐幾時重握手貽女獨

支頤楚澤嵩荒大滁雲宛宛違兩生堪涕淚吾道果癡瘓已咤黄金畫寧辯白玉淄文園終抱病方朔早啼饑種德思無量全生護不貲石欄盤薜荔荷葉隱鸕鷀中散元軛酒宣城解賦詩平分五湖長遜莫市兒嗤

暑日陪樊明府飲王禮部兄園觀打魚河上

長日無塵鞅名園隔翠微偶因看竹至旋作打魚歸初月揺歌扇行雲曳舞衣聽騑嘶草逕鳬[illegible]
快意金卮倒清言玉麈揮[illegible]蟬鳴[illegible]

糧落身何有浮沉事已非敢云同骯髒復此對音塵
展眺舒睛色乘涼逗夕暉秋風差不遠注盂問麒麟

金八讀書軒十二韻

一室纔如斗蕭然遠市喧篝燈虛夜榻種竹敞晴軒
白雪雙簪筆青山獨掩門鶴猶馴菊逕人已在桃源
花綻窺簾影苔深帶屐痕興常忘盥櫛貧可辦盤飧
對此關飛動因之愜討論文章開奧窔兄弟潤璵璠
詩法逢人問交情為我敦雄心消日月生事任乾坤
不涉琹書趣何知丘壑尊勿言身未達會見北溟鯤

龍山寺

佳勝尋康樂名流得遠公偶棲鷲嶺下一咲虎溪東神物扶琳宇人天出紺宮法光標塔日梵放響松風界刼恒河大真如寳筏雄烏啼紅樹外僧定白雲中抖擻情無極皈依意不窮垢除終是垢空病不離空欲問無生偈何當爲發蒙

行經　皇陵

華渚天潢遠舂陵帝里殊誕鸞光繞電居許蕃成都日晦身重浴天傾手自扶熊羆投後載狐鼠倒前徒

百戰開黃屋千秋啓赤符恨深天下養孝儀勝前趙
號謚乾坤大營宇宙俱寢園虛玉几封樹閟珠襦
兆已三靈卜山仍萬歲呼鼎湖龍去遡華表鶴歸孤
瓜瓞根常蔓枌榆澤更敷　文孫宗器在長此念雄
圖

愁

伏枕忽忽聽愁來如亂絲冤深燕獄日此重楚湘時
對酒翻成慨吟詩秪益悲雲疑噓噫氣花覺攪離思
不淺玉門戍何如紈扇姬捧心嚬蹙蹙引脰恨遲遲

魑魅嗔誰語形神悴自支豈緣原憲病實有杞人愚
社稷虞多難　君王問有司紆籌心血盡獨苦鬢毛
知封事焚膏草軍書忍淚披干旄橫九塞烽火暗三
陲元帥持堅壁群公責死綏秦懲殺也敗晉討鄢之
師逐下　王悏吏還徵李廣辭天戈妝玉笥　皇詔出
丹墀芻狗何曾棄金鷄已厚慈迅霆　王一怒湛露
爾多姿不謂中孚卦猶然貝錦詩蜮吹沙黙染鷹擊
羽淋漓虎市三人信羊裘五月疑校長嬿鷁頸誨妬
惜蛾眉吠影寧辭犬刳腸敢避龜驅牛晨力健捫虱

主恩私儌作投簪去狂常荷鍤隨衆猶嗔在世吾豈欲居夷飛語防身拙艱途置足危人間生是罪牖下死爲期寧惜鰕鮰涸那堪燕雀欺馬曾憐識路鷄巳憚爲犧觸網鱗真脱窺籠翅秖垂胥靡知命賤編户覺身卑跡似隨陽鴈心如衛足葵野羹親老衲草服笑羣兒此日忘遺履他生戀敝帷禍機真虎尾淨几只烏皮杜口言朝紱灰心出菌芝巫咸不可問冗冗欲何之

爲園

一壑吾真得何須勝槩兼引泉經實淺樹石點峯尖
魚沫閒彈瑟鶯啼浄拂簾註書門寂寂開閣草纖纖
遠浦閒漁槳前村見酒帘乍晴雲似綉傍曉月如鎌
習事常捫舌忘機自撚髯醫因多病識歲向老農占
名姓從人狎文章與世嫌山中工部鏡架上鄴侯籤
編栢雖初滿爲池水旋添江山分不惜風月取猶廉
哲有先生屐惟曾刺史襜自能諳損益誰復問寒炎
身世飄萍在功名落絮沾心灰張翟網色變說羅鉗
湘畔風霜苦關南日月淹長途窮阮籍高枕卧陶潛

作吏甘成拙歸田幸解嚴箇中真味在渾對水精瑩

寄贈樊玄之進士

歷塊真燕駿連枝並楚材諸生榮賜對三殿喜掄才
俊乂衣冠會　君王色笑開共傳收稷契不比得鄒
枚幹國爲梁棟驚人自草萊名初闡小陸望已冠諸
裴遂正醇儒席還登上將臺天高搏鳳翼海闊鼓鯨
腮斗氣輝南極奎文映上台　御題天外信春草夢
中栽稽易開賽宴泥金進壽杯里門今萬石庭樹舊
三槐愧我[illegible]竊病難兄辱挽推三都曾謬敘二妙獲

追陪叙别雙龍去書看一鴈来故人甘水竹　聖代
有鹽梅日月吾衰矣風雷尒快哉好圖麟閣上長慰
不然灰

贈和州曾使君三十韻

羊續懸魚日劉昆渡虎時我求循吏匹君實古人師
滇獄曾三讞江城繼一麾苔深張籍宅江遶項王祠
童子初騎竹家人已拔葵爲鞭蒲足使開閣鶴相隨
率屬甄三異宜民頌兩岐行何慚屋漏清每畏人知
殫力蘇凋瘵焦心急撫綏禮賢徐穉榻問俗賈琮帷

節比梁山峻恩同沸井滋三年心若水萬戶只爲碑
吏有神明畏民寧父母欺薦章騰白簡褒璽下丹墀
帝錫雙函誥人傳五緎詩飲羊今日化留犢倘來思
朱邑名堪並文翁俗頓移棠陰芊氏峴花覆習家池
顧我湘潭泣無媒賈傅悲謳歌同父老淘涛及穌蔆
千木廬曾式江州餉屢貽隣封看集鳳內召信占龜
勝事吾忻睹芳蹤尔獨追　御屛三輔最　天語九
重私共快徵黃會誰淹借寇期虎符高第選麟閣大
名垂藉甚嘘枯朽分華出薗芝雲泥吾道別膠漆世

人疑橫海知鯨勁摩天㗛鶚卑他時如召對無忘議

曹辭

奉寄少保楊公四十二韻公時以書并紈扇文

纖酒筆存問余

間氣生名世中興有哲人三朝看黼黻萬象待陶甄

宇宙為霖日乾坤降嶽身清時儀鳳鳥奕世畫麒麟

玉樹公卿胄金甌社稷臣黃衣家慶遠紫誥　主恩

頻蚤奪詞林錦初垂禮部紳遴鵷依日月騫鶚出風

塵品藻高河秀澄清海岱春雋髦歸相馬墨吏避埋

輪樞筦彈冠入河漕捧節巡公家方夙夜君乎以經
綸轉餉資蕭相艱難借寇恂賜袍沾雨露曳履上星
辰主計心常苦分猷意獨真每蒙錢穀問輒以旱荒
陳裕國籌時詘憂民諍歲稽　至尊親借箸百辟想
持鈞攜袖天香滿開函　御墨新尚書喉舌近少保
股肱親絕席青宮峻連城紫禁珍共傳推汲黯不比
得陳遵管樂寧方軌夔龍若比隣勳名賡帝佐出處
頌天民顧我如枯卉于公即大椿宮墻慚國士氷鑑
冠人倫行部曾分虎歸田已逆鱗私心虛負笈往事

實沾巾丞相黃扉貫諸生白屋貧蹔爽應自語蠖屈
向誰伸墮履仍求舊然灰欲拯屯感深情惻惻書到
語諄諄紈扇揆三徑仁風動八垠一纖裁稱體雙舉
酌沾脣畝畝猶衣被江湖更飲醇狂從呵醉尉怨敢
學靈均谷口能忘漢桃源豈避秦皈依金粟佛瞻仰
玉堦賓碩保喬松壽長居要路津虎頭猶矍鑠麟趾
盍振振王氏刀仍在韋家印未磷平生酬德意涕淚
望高旻

奉贈督撫尚書褚公二十韻公以詩集託余删

今日　朝廷上公為第一人從来根本地特簡股肱
臣精格河渠梗仁覃郡國春荊州歌叔子洛邑命君
陳一代興王運三朝報主身飛鳧遺愛在簪豸觸邪
頻封事掟山嶽掄材泣鬼神兩河初授鉞八座蚤垂
紳掌憲風霆肅司空雨露新鵰猶六月息蠖已一朝
伸當宁㕓求駿羣公讓畫麟治戎兼治水憂國更憂
民辛苦乗橇日艱難借箸辰居岐培鞏固分陝藉經
綸實錄尋常賜　温綸咫尺親笥餘瑤草帙座滿玉
堂賓折節公卿貴摳衣弟子貧經容郭象註論許蘇

邕珎不朽名蕭立相知意獨真恩波江海闊萬一潤筌鱗

悼汪大有序

午日汪二觴余其兄尚彈棊噱驩咲也俄以頭殤遂成今古傷乎傷乎余悗愴得詩示其三弟六兒比于長歌之哀過慟哭已

午日猶驩謔經旬遽訃悲那知生死別恰是咲言時消息天難問幽冥世更疑人間無覺夢地下有交期欲挂徐君劍曾陪謝傅棊三珠饒阿弟六駿屬佳兒

避世頻扃戶逢人解[illegible]詩金蘭叨末契玉樹得相隨
使嚼辭非任無營惜不訾如何長窀穸不復把容儀
白馬人來少青鳥兆卜遲猶方公論在離索市兒嗤
張老存家事山濤辱舊知鴒原啼未了烏哺恨何追
泐石他時表班荆此日思棣華重對酒為爾淚先垂

偶述

事葛湯仁大綏苗舜治芬　君王弘遠畧羈靮駭群
[illegible]寧諦[illegible]辱應懲不戢焚包涵天浩蕩[illegible]
[illegible]不數和戎策何如諭蜀文[illegible]皇威原震疊[illegible]

紛紜可惜移淮橘都非運郢斤白登胡賨謾南越使
虛勤萬里鯨鯢浪千艘虎豹群辰韓纏殺氣落添暗
妖氛榮貴多名彥艱難獨　聖君涕流傷賈誼廷對
失劉蕡封豕膺將剥牂羊首更頳蘇卿羞握節愽望
敢論勲世已薰膏惜誰能玉石分有懷燕將箭無那
野人芹蔓斷青綾被書題白練裙時危悲宇宙志屈
偃風雲軒鶴曾朝寵山麋得野欣夜行多醉尉莫説
李將軍

贈于元敬冏丞

有美于公裔從来駟馬門連枝皆王樹奕葉有蘭蓀
風翮摩空上霜蹄逐電奔千人驚筆陣萬壑倒詞源
對策毛為鳳趨朝羽遷鵷衆争貽縞紵余亦奉橐鞬
錢穀 君王問河山嶽伯尊豸初明絲繡鹿巳夹朱
轓節制垂磐石巡行照覆盆秋霜三輔肅春旭百城
温直道時湏忌移官世共寃自應叢蜮射誰復礙鵬
騫冏寺班仍峻滁陽勝尚存瑯琊斜抱郭麂子曲縈
村不薄園人秩終沾 聖主恩兵戎需駿足郡邑借
輶軒會見登台鉉寧湏叩 帝閽神僊原不數湖海

向誰論頋我貧彌穢交君誼更敦青山蹲日月白璧
傲乾坤傾蓋陪時彥降階為一言相思空咫尺吾意
欲飛翻莫以含香署忘茲離垢園念深杯自把情至
筆重援何日仝言咲前身是弟昆襄江寂寞處詩賦
與招魂。

楊道行集卷之十四

目錄

七言排律

寄全椒山中道士吳湘

懷趙夢白

冬日浣花莊撥悶

春日樊欽之侍御招同彭應壽太守寶林寺

飲

柬瞿睿夫時寓古刹在橋西水漲不可渡

贈少保尚書諸公下告歸思[illegible]十月

楊道行集卷之十四

全椒楊于庭著

七言排律

寄全椒山中道士吳湘

山人能詩今老矣喪妻貧甚幾不能炊每餓輒旬日余詩悲之

幾椽茅屋對山靈老况凄凉不可聽家難斷腸雙拭淚世情經眼一浮萍蓬蒿有雁寒相伴門户無人夜不扃囊罄何從拚酩酊詩成誰為惜娉婷黃精幾下

和雲凍白石鐺中帶雪瞑在日黔婁原寠寔清時善
卷合沉冥可憐日月埋龍劍也向江湖作酒星莫咲
老儒饑欲死隣兒乞取讀書螢

懷趙夢白

天寒啅雀噪如緣古木蒼巖有所思家在恒山瞻氣
象人從天部識威儀為誰落落甘龍卧愧我逡逡冐
虎皮縱使神交終是夢也知痛定不勝悲匹夫懷璧
吾應罪半臂當車爾太愚潦倒豈堪當鮑子音徽實
恐誤鍾期余如叔向拘囚日君似虞卿棄印時一驪

敢從名士籍九閽誰訴黨人碑批鱗忍顧雷霆碎塌翅何妨燕雀欺憶昨艱危真不測只今樗散復何羈莫云削籍非恩澤但得含飴亦厚私鄗邑晴雲堪對酒瑯琊秋月好題詩逢人世事休開口到處天涯只解顧賜玦賜環應共得呼牛呼馬更誰辭中流得瓠差無恙九折回車也自知為語山濤須强飯閉門吾辭解嘲詞

冬日浣花莊撥悶

一辭薊北歸江北幾向淮南望斗南殿陛無書陳九

九逢髙有徑闢三三盎中擔石從他盡甕裏醍醐也
自酣趺坐野雲生遠壑閒吟秋月出寒潭長貧歌就
馮驩鋏隱恨書空殷浩函學語轉憐吾抱女檢方頻
問婦宜男罪知孤子三爲大狂覺爬搔七不堪世事
達觀生亦幻　君恩辜負死應慚草玄遮莫嘲楊子
守黒何如學李聃豈有大行淹騄駬實無嘉樹似楩
楠陽回準擬新添線時去誰悲舊隨蹇道士桃從朝
露種先生柳帶晩烟含飽諳交態頭頻點識盡人情
口不談我自安排容足處不妨一畝結茅庵

春日樊欽之侍御招同彭應壽太守寶林寺飲

爲惜春歸强伴春招携春醖對吾真茁芽銀杏濃于酒學囀黃鸝巧似人已借祇園開勝集還思寶筏問迷津與君一酌頻前席若箇三生是後身自哂廉門渾欲老誰云龍性未全馴客從分虎占循吏人自鳴騶識諫臣獨愧草玄空寂寂也陪浮白醉遨遊諸公豈是池中物而我曾非席上珍出處總憐吾道在醉醒寧問世人嗔敢緣繇筆爭詩長猶喜青山傲酒民老去積薪嗟汲黯晚來投轄爲陳遵煩知褦襶揮團

扇狂欲爬搔岍角巾下筯不須談蜀蒟爲羨何必減吳蓴千年河朔豪仍劇十日平原跡未陳行酒儘教邀塔月徵歌會見拂梁塵花明隔岍紅初染草映雙林綠未勻但共松間看翡翠從他閣上畫麒麟主人更欲脩春禊休沐君其問水濱寄語春光謝知己莫嫌滄海一窮鱗

東瞿膂夫時寓古刹在橋西水漲不可渡

翻盆一夕漲山溪憶在禪林隔水西知汝窮途應慟哭何人好事更招攜有無佛供燈前火曾否僧分酒

後蘧縱使懷人須下榻也應騎馬畏衝泥陸雲定有
愁霖賦張協能無苦雨題勿謂太行非闊步果然威
鳳不畢棲世寧我棄如芻狗君自神全似木雞不審
慈航何處是皈依吾欲證菩提

贈少保尚書褚公予告歸里七十句

人間雞肋日相牽進退于今孰兩全賴有達觀高宇
宙倏然長嘯入雲烟出困國餉勤元老歸為鄉閭表
大賢爰立豈須仍作相此行何必減登仙卷舒似鳳
終栖谷潛見猶龍或在淵白簡曩隨丞相後丹心嘗

剖　聖人前讜如班伯昌言日名似匡衡抗疏年填
撫春雲沾洛樹品評秋月照吳天人言芻輓司尤重
帝念枌榆簡獨先已進入關蕭相秩還蕭分陝召公
權精馴河瀆秋亡恙力護　山陵歲晏然浪偃鯨鯢
休警柝陣閑魚鳥罷鳴弦翩翩玉帛千艘至屹屹金
湯百雉連閉關不煩城旦令乘檋寧費水衡錢朱旗
曉映山光靜晝戟晴分海色妍自是　至尊褒異等
蕪之群后讓超遷股肱少保官階峻指臂諸侯節制
專事業蚤從簪豸卜姓名真向畫麟傳國餘黃髮分

宵旰家在青山好畫眠乞請總緣臣力竭慰留終荷
主恩偏非關好棄虞卿印只合求歸范蠡船客捧壽
巵珠作履函開　恩誥錦為箋飛魚舊賜宮袍在馳
騎新題御墨鮮緑野堂中人未老蒼生天下望猶懸
匹来文鳥雙雙徤胎得明珠顆顆圓從此鴻冥吾海
嶽任他蝸鬬各戈鋋鶯啼別墅花如繡燕語當筵酒
似泉騄傳攜金堪賭族香山拋綬合叅禪共傳辟穀
良辭漢不比憂讒毅去燕一代榮名唐社稷　三朝
閭氣晋山川摳衣噓吹忻先及入幕窮愁喜盡蠲無

那掃門心悒悒也應聽履夢惓惓贈行秪愧王維句
酬德深懷謝朓篇前席有時徵賈誼後堂何日進彭
宣大椿未是莊生幻為祝春秋更八千

楊道行集卷之十五

目錄

五言絶句

冬青　　嘲汪三置妾

塞上曲六首

楊道行集卷之十五

全椒楊于庭著

五言絶句

四時古意四首

日暮花如霞遊人各憶家桃源知不再悔却看桃花

二

共道蓮花好花開能幾時蓮心應自苦霜後摘方知

三

菊花誰不愛霜至已摧殘寄語東籬主何如護歲寒

四

日短雲猶凍山深路轉斜春風何日到不敢問梅花

蓮池二首

花開習家池香風正吹浪盈盈千歲龜飛卧荷葉上

二

池亭疊荷密盈盈一池碧時衣芰荷衣脫巾坐危石

明妃怨

何事長安月相隨出漢關從來妾命薄不敢怨紅顔

水雲亭三絶句

花逕縈流水松屏偃洩雲水雲相不厭春色與平分

二

楞嚴初讀罷坐對落花深止水無機事閒雲澹此心

三

空亭蘿薜深小逕莓苔互溪外郭熙山雲邊韋偃樹

長門怨

自倚如花貌君王早見憐如何宮掖外別有一韓嫣

漂母祠

且釣長淮下王孫豈竟窮婦人還具眼不是目重瞳

泊舟

纔見天氣清須臾雲墨色風濤太不平小舫艤亦得

送孚如歸雲夢

我有木蘭花移置幽簷下非不愛日曝為怕狂風打

題烟波釣叟圖

如此風波惡磯頭且釣綸莫逢渭川獵忙殺白頭人

絡緯吟二首

但聞絡緯吟不見絡緯時春蠶無一語誰不愛蠶絲

二

寄君絡緯吟思君絡緯時妾心如絡緯撥刺不成絲

齋日飲酒戲贈內

今日齋居日何妨醉似泥使君自有婦不是太常妻

明妃曲二首

馬上八千里琵琶十二時官家長好在妾命只如絲

二

無復歸廷日吞聲上馬時春風如念妾死願發南枝

即事二首

聞道朝来雨林花落更多東風如有意柰此上林何

其二

百卉今皆歇亭亭只菊花天寒蜂不採一半委泥沙

外父吳翁盆梅往歲爛熳今歲止一枝余戲為

絕句

為怪羅浮使何緣得一枝不須開爛熳只此報君知

余既戲題吳翁梅一枝翁誇謂余此梅一枝結

子為余亏韣之應余復戲為詩

為喜今春信盆梅已着花一枝如結子亦足殿年華

偶詠

暑至典寒衣陶陶只謀醉何如金滿橐夜掫不得眠

雨後十首

溪雲千頃白院竹一叢青是物關何事令人眼獨醒

二

昨夕山啣月今朝雨漲溪不齊元物理何用漆園齊

三

一夜山水渾柳陰放舟處莫問訪何人興盡自歸去

四

水闊魚跳浪天空鳥喋風亂雲千樹外斜日萬山中

五

此景欣自多從前悔猶誤我輩方外人誰爲子桑戶

六

客從前村来還向前村去只見溪上烟不見人歸處

七

連日不出門日高尚酣卧不是怕客来忍教莓苔破

八

亦是山中人不識山中路昨夜柴門歸認知前村樹

九

芒鞋山水閒，醉人攜亦得。差喜賤姓名，漸不爲人識。

十

苦無擁鼻吟，只是閉關坐。丘壑吾亦休，富貴但一唾。

小園雜咏十三首

魚池

素鱗躍清波，淥池媚芳酌。萍生自非魚，何以知魚樂。

石假山

拳石累爲山，數峰屹亦好。幽人時一游，錯認蓬萊島。

面山亭

飛甍面南山展匝帶長薄不見山下人但見雲漠漠

白雲洞

朝見洞出雲夕見雲歸洞洞雲亦無心天光自飛動

飛泉

石竇一泉飛濺此林下韠不足驪龍珠何緣半空落

栢屏

屈曲爲屏障青青翠栢條雖饒歲寒色終是恨凌霄

竹塢

小塢竹萬箇幽人脫巾坐有時南薰来便對此君卧

松風

千章百尺高淅淅風陰冷主人身是鶴松下婆娑影

蕉雨

何物芭蕉雨偏驚夢寐時怪来金石響昨夕手題詩

兩塔檜

偶栽兩株檜恰似浮屠塔我亦有髮僧塔下着敝衲

二萼梅

一株含兩萼紅白參差開酌酒明月下疑從羅浮来

雙鶴

昂霄各有志飲啄為誰馴不是乘軒者雞群爾莫嗔

麋鹿

濯濯知誰侶呦呦見汝心見人休駭走與汝共山林

問月

悔竊當年藥孤眠只自知何如學牛女猶有渡河時

冬曙

殘月出不高曉星半空沒低頭印屐痕知是霜如月

偶成

悔却從前事如今始覺非不知人世裏何物勝漁磯

秋興十首

雨霽踈林澹逢人曳杖游新篘今正熟君解過儂否

二

霜橘連枝脆河魚躍條鮮山中無俗侶日暮枕書眠

三

粟里初栽菊東陵已種瓜白雲知不厭相就野人家

四

二麥晴初佈秋旅雨漸肥山妻薰鼠穴稚子卧牛衣

五

往事將軍樹卑棲處士家山茶新吐萼知是隔年花

六

秋丹驚霜重芳雞不復姿無嗟搖落候已過艷陽時

七

鰕鮔陷沮洳涸就肆中居自不橫江海無言海大魚

八

誰家打皷急問是一村儺且喜差無病秋成飽飯多

九

酒債從來負人情懶不題五更猶聽美飜恨曙鷄啼

十

家在白雲中欲留白雲住白雲不可留蒼蒼起烟霧

為吳養之悼亡二絕

遺挂依然在傷心不忍看莊缶雖可擊無那割情難

二

帷裏姍姍步猶憐態未真非緣竊藥去本是月中人

九日後一日與客登小園石山二首

夙有登高興何妨醉一觴風流吾輩在日日有重陽

二

小山僅培塿亦自暢心神君莫尋高處先登別有人

下和洞二首

匹夫懷璧罪刖足爾何辭嗚咽長淮水猶疑昔日悲

二

無言須待價智已不如葵可惜男兒淚翻為不遇悲

古意

偶從長安來更上長安路長安不可上一[illegible]一却步

估客樂

江南估客樂歌舞到昏鐘何物琵琶者猶能說武

宗

春燕

儘教賓客去不學翟公嗔只有梁間燕猶依舊主人

清明

是日無風雨桃花處處飛遊人與啼鳥俱是踏青歸

有自楚至贈我山鷄者賦二絕

可惜文章質窺籠阻奮飛他時臨渌水莫更照毛衣

二

楚客山鷄貴樊籠也自珎雖然鍾鼓饗不及野鷗馴

遲客

山中無一客掃榻遲夫君只恐多騶從門前礙白雲

梧桐

爾自龍門質新栽葉尚低題詩吾亦得不擬剪成圭

泊舟

莫以来帆駃灘頭恨不同此舟聊遣發渠是石尤風

橘

霜重實黃隕春深葉葱蒨爾生未踰淮無謂質遽變

黃楊

爾自簷前植青青不改柯人言終厄閏吾愛歲寒多

萱草

汝是宜男種宜男為汝羞亦知兒女草不解杞人憂

冬青

小園無别植只此女貞樹貞女豈易心壯士節如故

嘲汪二置妾

故是如花者慇勤媚早春無将今日寵錯比息夫人

塞上曲六首

男兒辭故鄉便着鐵裲襠上陣如鶡子紛紛多殺傷

二

結束出門去馬驕嘶北風不𡑞沙磧裏不信可憐虫

三

牧馬大澤中馬飽壯士瘦不辭髀肉消但願騰驤鬪

四

邊城吹觱栗一夜雪霏霏逐北陰山下軍中立號歸

五

單騎偶圍困四面驚胡塵奪取胡兒馬彎弓射殺人

六

日暮沙塵黄胡騎滿山谷偏裨自解鞍將軍猶蹢躅

楊道行集卷之十六

目録

七言絶句

楊道行集卷之十六

全椒楊于庭著

七言絶句

觀燈詞集陳憲副宅三首

元宵燈火簇如花留醉君家白鼻騧酒後横鞭明月夜却疑身上斗牛槎

二

陳遵賔客五陵豪玳瑁筵開海月高星毬夜照珊瑚玦火樹光搖獅豸袍

三

月明如晝酒如酥簫鼓頻行白玉壺但使主人能醉客不須犯夜閙金吾

題無號山人梅花

屈榦踈根偃鐵拳可憐窓下一枝妍妖桃艷李應無數春信憑君又一年

夢幻鍾

一別都門幾度春思君無那夢君頻乳鶯二月嬌如許不及多情吳舍人

偶成

跣足科頭倒接䍦草堂深處坐題詩不知秀句關何事能使青山也倍奇

贈王醫二首有序

乙酉歲八月家君病亟群醫莫知所為餌新安人王君藥即瘳其奇中如此余守濮上歸自棘闈得報廢寢食已無恙喜甚具知其為王君力也寄二絕句

杏子成林橘子香肘間應有越人方長安不用呼名

字但道醫王恰姓王

二

刺史山頭望白雲問安何日浣中裙緘書為謝青囊客壽得吾家萬石君

井陘道中吊韓信二絶

陳餘蹉跌血膏戈韓信飛揚戰伐多成敗古人今不見至今惟有石嵯峨

二

將軍為漢封張耳計斬陳餘泜水濱刎頸交情君自

見不知劉季貧心人

督糴廨中偶成二首

官舍遥臨睥睨深公餘松下足閒吟也知委吏　君
恩重莫羨金門好陸沉

二

日執牙籌也自寬廨朝何事學悲懽我來聊玩人間
世若說投簪未是難

春日

澄雲倒照一江練旭日平鋪萬峋青已替鶯花裝新

句只須打點慰丁寧

口號

已向君王乞五湖枕頭差辦買山無咲將紗帽渾

輸去剩有鬚眉是丈夫

有刺二首

飄風狂雨霎時多眼底羊腸奈爾何不見江間無數

燕短簷低棟各成窠

二

下石休乘落井時盈虧消息爾應知灘哇自是忘機

叟爲報沙鷗莫浪疑

題畫

何人貌得終南老箕踞彈棊白日寒自是紛紛千古事山中閒作一枰看

過濮五絶句 有序

余去郡越七年所矣自惟往者亡一善狀謝過諸父老辛卯初夏余以鄙人過濮濮縉紳諸生暨耆老子弟泣留余至擁車不得去余何脩而得此哉重爲愴然賦絶句五首

老幼傳呼出擁途使君猶似舊容無丈夫自信鬚眉
在難道今吾非故吾

二

供帳扶節擁錦韉遮留衰白意堪憐亦知不是會稽
守留酌村醪當一錢

三

領郡無能秪自知去思何用樹豐碑會臺臺下嶢嶢
石記取他年墮淚時

四

[illegible]来乘傳不勝情驚見兒童竹馬迎爲訝爾曹真浪

許水清不似使君清

五

驪駒愁聽又離歌野薮相留寸晷多爲謝慇懃諸父

老使君無那簡書何

平寧夏凱歌十二首

討逆兼聞殺犬戎籌邊　帝在大明宮勞臣未敘尚

書魏敗將先梟祭將熊　詔斬熊國臣于市

二

大明十葉中興日諸將長驅破逆時莫惟居民盡安堵從來時雨是王師

三

嗟家自倚如元昊縱有諸公韓范間自是　聖朝非宋比三軍直擣賀蘭山

四

嗟帝劉王計亦牢國秦家夏為誰豪腦胷血濺黃河遠梟首旗懸太白高

五

汜戰應知泜上軍漢家飛將淨遥氛一時文武皆貂珥今日誰爲第一勳

十二

哱賊勾連倚吉囊賊平近亦敗名王還須奪取陰山壮河套從來是朔方

征倭遼東歌八首

下瀨戈船出　帝京　君王授鉞爲專征會須截海妖氛净人在蓬萊頂上行

二

天驕已遁陰山北，日本還窺遼海東。玉燭金甌長好在，青袍白馬為誰雄。

三

八州都督有陶公，不數龍驤戰艦雄。初將海島標銅柱，更取扶桑試掛弓。

四

義烏健步舊知名，檄得將軍子弟兵。紙甲籐牌刀雪白，殺倭如草不留行。

五

唐帝當年空度遼秦皇鞭石不成橋我　皇一舉[illegible]
倭穴亘海鯨鯢蜃氣消

六

為駕長虹跨海濱將軍鶻印白如銀歸來準擬彤弓
既畫得麒麟第一人

七

雲旗獵獵鼓鼕鼕殺氣轟門海月高不數越裳陳楛
矢會看椎髻奏倭刀

八

遼陽草木亦王師掃盡幺麼一島夷邪摩試作磨刀
石落滌蹄爲飲馬池 邪摩倭國山

秋日浣花莊十二首

秋来三逕菊花斑雲自歸栖鳥自還莫遣客星干物
色羊裘原只在人間

二

貧居無厭席爲門有酒頻斟老瓦盆若問小庄何處
是白雲秋水浣花村

三

洞裏明霞竹裏泉村酤常挂杖頭錢早知世事渾蕉鹿悔却蘧蘧二十年

四

柴門停午不曾開剝啄何人載酒來知是江州王刺史不妨留醉菊花杯

五

溪水茫茫泊白雲無端秋色與平分閑門無那窓前月夜夜窺人只此君

六

不是吳宮不事堯淮南實爲小山招　君恩大有江
湖在月下何人看洞簫

七

畜得金鱗錦不如小亭危坐爲觀魚逢人若問歸田
事一榻清香一束書

八

無言四壁尚蕭然一畝山庄亦俸錢耐可乘槎問明
月爲誰虧缺不長圓

九

寒月無花菊始花清尊知爾殿年華寄聲風雨休相
妬只在東籬處士家

十

荷衣新着伴漁竿識盡人間行路難怪底女牛秋一
渡從來天上亦風湍

十一

累石為山更屹然奇峯猶自插青天嶷嶷頭角真憎
汝箕踞盤旋亦可憐

十二

自是男兒七尺身羞將傲骨混風塵五湖大可容吾
釣未許青山屬別人

偶成六首

國朝文士爭摸擬未必丰神似古人生割頗稱汪伯
玉斧痕終駭李于鱗

二

韓蘇亦是宗秦漢剖破藩籬是大家何事小兒爭學
語生憎剪綵不成花

三

近得句吳王長公晚年變化足稱雄須知茅掾才雖弱的的論文是古風茅鹿門坤論文得古人旨

四

一代詩名自有真李雄何潤並嶙峋莫將後輩輕前輩未必前人讓後人

五

于鱗精整真無匹元美沉深亦自雄可惜兩公工巧極到頭不及李空同

六

吾鄉亦是興王地前後論詩只數公俊響頗歸宗學掾清醇終讓薛郎中宗臣薛蕙俱江北人

初被重劾皇恐已得解為民贈内二首

鹿車共挽不辭貧猶喜江湖乞此身若是董郎真不免文姬流涕請何人

二

憶昨妻孥席藁時只今痛定不勝悲不知京兆為民後能似當[illegible]再畫眉

代内答贈二首

勸君對客休箕踞更莫踈狂只率真今日弾章應不謬為誰眼底却無人

二

一從削籍賦歸来裙布荆釵抱亦閑莫更向妻誇舌在誤君原是舌為災

月下聽笛

月白霜清一鴈過笛聲無那斷腸何秋来楊柳應無幾可恐今宵折更多

題吳前峰畫四首

春野耕烟

寫得春烟帶遠霏耦耕田父亦忘機飜嫌沮溺猶多事却與遊人論是非

夏林牧笛

騎牛暫憩深林下短笛横吹午夢殘自是山中渾太古不知更作畫圖看

秋水漁航

横妝淡抹秋山翠歷歷漁航似可呼要識滄洲無限趣不須重問有魚無

冬山樵雪

貌得千山雪裡妝路傍樵叟半踉蹌勸君且學袁安
臥何必深山試虎狼

清明前一日遊惠山六首

芳櫟尋春趁晚晴莫教風雨妬清明不知若箇溪頭
女閒唱吳趨緩步行

二

惠山山上塔重重歷盡岧嶢第一峯欲望吳淞何處
是居人指點白雲封

三

為貫新醪典黑貂山頭凭檻聽吹簫水痕惟底高三尺知是閶江半夜潮

四

春日春游盡小航滄浪處處浣花莊多情二月嬌無數不是啼鶯是女郎

五

石穴曾聞第二泉山僧烹茗亦泠然自從陸羽標評後多少豪家載水船

六

惠山山寺鬱嵓嶤歷歷峰頭翠欲招借問山靈那得

住移家常傍太湖潮

項羽祠

漢家宫闕草離離河上猶存項羽祠一自彭城歸亞

父君王從死只虞姬

亞父冢

骸骨荒山鎖寂寥鴻門遺恨未全消亦知天授龍顔

主桀犬何知不吠堯

漂母祠

英雄埋骨已沉沉漂母猶餘祠至今良弓走狗恩何
薄不及當年一飯深

淮陰侯

壇上初懸大將旗中原從此定雄雌當年胯下身如
死人傑君王那得知

感述四首

使者樓船出海東一封書跡欲和戎須知婁敬非良
策不信長春只發空

二

平壤先登逐北時小夷遥拜漢旌旗若非計中鯨鯢伏定是堂堂節制師

三

君王西顧授琱戈無那諸公指顧多若待盈庭無一語匈奴早已踰朝那

四

劉秩何當曳落河陳濤無那喪師何須知兵事難遥度只有營平計畫多

七夕風

今夕何夕風波惡縱有舟槳愁未安為問女牛宵渡否也應天上亦風湍

雨漲

一夜水添二三尺草痕半沒垂綸磯鸕鷀鸂鶒為誰喜撲水掠魚來去飛

釣臺

濮水荒臺此釣魚把竿人去復何如既知竟是蘧蘧夢何用南華有著書

讀書臺

八斗才名半草萊君王曾此讀書臺臺邊只有潺潺水猶似當初煮豆哀

宮怨二首

猶憶承恩二八時漢宮無那妬蛾眉官家昨夜羊車過羞學他人插竹枝

二

爐香風送聽傳呼忙整雲鬟洗玉壺蠟炬漸微聲漸遠妾身空在妾心孤

嘲吳来聘秀才秀才嗜酒貧甚頃爲獎使君抄

書餽之米二首

問君何事哭窮途三篋亡書强記無見説使君供月米可能仍付酒家胡

二

購汝遺書付汝編醉時渾忘枕書眠劉伶平日無文字只有流傳頌酒篇

感述十首

石亨一敗事堪悲父老猶傳破虜時不信碩膚終几

几飛揚跋扈竟何為

二

哮土降胡豢養深阻兵終是虎狼心徙戎江統當年
諭不悟君王恨至今

三

逆賊群酋歃血盟胡兒牧馬薊遼城熊熊只怕蘭陵
將巾幗休嫌董總兵

四

析骸易子抗胡塵屹屹將軍百戰身莫道前村君不

及口碑奄已畫麒麟

五

少年挺挺真無匹晚節薰心自不嗔假使當年身便死寧碑大傳讓何人

六

滴溥雲中古戍稀羽書烽火捷如飛不須更斬樓蘭首已自軍中立號歸

七

金帛和戎自兩朝邊臣都揷侍中貂莫言奠敢非

良策亘海長鯨不可招

八

截海何能淨海氛海邊蛟蛉亂紛紛陳平自秘閼氏計司馬空傳諭蜀文

九

萬里征宛入塞時將軍露布事堪疑亦知善馬寧餘幾自是君王寵貳師

十

特進堂堂帝者師白頭憐婿更憐兒一從床下言災

異竊國君王那得知

還山六首

歸来長嘯水雲間雲自依依水自閑他日襄陽問耆
舊無言余在鹿門山

二

近搆茆簷八九椽杖頭差辦買山錢小溪秋水添三
尺錯認漁船作酒船

三

大婦鳴砧中婦機尤憐小婦擣寒衣乃公調咲唯呼

酒更問鱸魚幾日肥

四

野田如薙討茫然隣舍何来乞酒錢莫道野人生事少白雲秋水一詩篇

五

一瓢自挂風前樹雙屐頻看雨後山説與[illegible][illegible]都不識從来大藥在人間

六

石火驚[illegible]皆道飈功名翻手壯心消[illegible][illegible]来文君林

徼得臥箕山已禪堯

鳳陽歌六首

濠上提戈掃數雄　皇陵佳氣鬱葱葱攀龍附鳳知無數輸却枌榆第一功

二

玄宮紺殿鬱岧嶤玉匣珠襦恨未消術士青烏休浪語分明天與百靈朝

三

自從神禹會塗山山似眠弓水似環不信蓬萊終海

上須知華渚在人間

四

漢籞新豐奉上皇周尊木主號文王我明萬葉皇陵祀山作珍羞海作觴

五

行盡中都翠萬重形家指點白雲封直将海水爲襟帶更認崑崙是祖龍

六

秩秩祠官肅祼将更聞中使道相望昨朝爲薦鰣魚

至知是　文孫未敢嘗

懷鄭思成四首時以言謫南部

余歸江北問磯絲君謫江南使我悲世路悠悠君自見江流不盡是相思

二

一入山中訪薜蘿鄭虔消息近如何知君自有千秋在不用名無抗跡多

三

莫嫌頭白尚為郎何似孤臣泣楚湘將帥有誰言魏

尚君王曾否名馮唐

四

不見高人鄭子真十年蹤跡混風塵莫言同舍楊雄老猶是當年問字人

輓陳伯符四首憫其婞節雋才夭而無子情見乎詞

悲君身竄問刀環何事浮雲去不還莫更倚文陰鬼妬也應地下亦人間

二

長沙謫去事堪悲宣室無聞召對時何似浮名天亦妬九泉無路問交期

三

一謫身如水上漚芳蘭無那颯先秋夜臺亦有沉湘鬼莫更寃魂泣不休

四

訃音一夕哲人萎更聞箕裘使我悲他日哭君原上草不知挂劒定何枝

樊欽之示我胡笳十八拍圖戲贈

馬上胡笳淚濕衫畫師猶得貌依稀人間何限文姬恨不得千金再贖歸

贈滁州羅使君六首

見說朝天五馬還風流為郡渺難攀巉巉一片瑯琊石記取他年作峴山

二

龍飛　皇祖自吾州皁蓋朱幡亦壯游　天子為憐湯沐邑使君應拜富民侯

三

尒自仙人騎五羊領郡亦傍山水鄉兒童拍手山公醉為問何人是葛彊

四

懸魚曾憶古人名君更蕭然篋笥輕莫道釀泉清見底也知不似使君清

五

醉翁亭子醉歐翁翁去風流已屬公昨日扶歸太守醉鳥啼人散夕陽中

六

三年虎竹領專城漢吏何如渤海名他日　至尊交

召問可曾門下有王生

嘲燕

茅簷如故又啣泥不復門前馬亂嘶巢燕若知賓客

去也應別向玉堂棲

存殁口號二首　有序

廷尉陳玉叔考功穆敬甫水曹歐楨伯學憲

顧道行皆能詩與余善陳穆物故歐顧久睽

不得其近耗

汚陽已訃陳廷尉大庾猶傳歐大夫挂劍不知何處是折梅能寄一枝無

二

顧愷風流老畫師穆生醴酒恨當時山中有壑堪濡筆地下何人與賦詩顧道行能畫

贈曹生

少年書記擁吳鉤知爾封侯筆漫投我亦平生重然諾游揚應是藉曹丘

為人題畫壽册

誰人肖得麻姑貌又似當年萼緑華莫向人間誇跡
鹿壯堂春草即仙家

杜甫遊春圖

杜甫騎驢京華春誰將毫素託手神吾莊亦是浣花
者畫裏翻疑作後身

題夏冬畫二絶

緑陰深處放舟時茅屋依稀對酒巵只有羲皇高卧
意畫師猶恐未能知

二

畫裡人家雪掩扉筆端騷屑見霏霏江湖亦有漁蓑
者莫認山陰訪戴歸

戲題

敗柳殘桃似妾身狹邪門巷盻青春莫嫌老大無顏
色亦是當年殊絕人

楊道行集卷之十七

目錄

六言

[illegible]卷之十七目錄

楊道行集卷之十七

全椒楊于庭著

六言

赤壁圖

血戰已拚杯酒勝遊況只丹青明月洞簫寂寂白雲孤鶴冥冥

歸田樂六首

自是世人欲殺未應吾道全非山中猿鶴相待江上鱸蓴獨歸

二

不嘆塞翁失馬已擠學士焚魚數椽容坐明戶一榻清香讀書

三

幾家白秫酒熟十月黃粱蟹肥爲喜青山強飯更憐黑髮初衣

四

南陌鳴珂有底東山拄笏何人安知輞川別業不是摩詰後身

五

一貴一賤交態自醒自醉世情開封蜀中夫子閉門

彭澤先生

六

已自終朝三褫知誰一歲九遷詎勝青山獨眺何如

白日猶眠

暑中襍悶四首

何物一官待罷誤人鷄肋浮名借問八塼學士誰如

五柳先生

二

坦腹閉門只曬科頭對客不梳窓下幾竿松竹榻前一篋圖書

三

已自五湖一艇知誰二室三花鷄犬數聲門巷烟蘿幾處人家

四

從汝囊中昃智乃公谷口名愚喚妾烹魚酌酒逢人索紙題詩

明妃詞

生作閼氏不惡死留青塚猶芳莫恨妬人延壽丹青
未悞王嬙

偶成四首

柳下自甘三黜梁鴻但賦五噫習事秖因識字畏人
不敢題詩

二

落落詞人陽九紛紛世事朝三已忝知名洛下不如
招隱淮南

其三

混俗偶從漁艇誤身多為儒冠滿壺濁酒只醉一宇

陰符不看

其四

病有傷春過眼負無𢷎夜驚心自是鳧脛鶴頸不須

鵠浴烏黔

楊道行集卷之十八

目錄

楊道行集卷之十八

全椒楊于庭著

奏疏

被任題參府僉等官張濼等疏

臣惟[illegible]所以進退文武者吏兵二部而已而兵

部之法尤甚于吏[illegible]何者[illegible]乃以參查在撫按求多于

主人於各省則有[illegible]之考語在道府獨詳于合

屬而[illegible]司則無矣秩滿之考覈在官紳並聽于考功

而武職則缺矣法[illegible]疎[illegible]無復可以品騭瑜戰者而

新人之術始寵至于士人塗劣吏部酌處則有王官
與各項勞績者而調用不無為補兵部除革任及降
調發不得[illegible]以京營[illegible]一處置[illegible]法益匱矣然京
營之[illegible]其副將參[illegible]
官[illegible]心進[illegible]
足[illegible]人[illegible]而可用[illegible]
哉[illegible]生其不[illegible]
京[illegible]則久河以[illegible]
等以[illegible]以後凡[illegible]領有[illegible]

章若本部訪有所聞即便參處不必量陞京營其京營各官務揀選驍雄敢戰足智知兵者以充之邊腹所缺本部酌量人地所宜從公推用內外均轉各盡所長決不致以　輦轂為闒茸聚藪而令壯士灰心不樂就也知此則京營有干城之需而　京師垂萬年之固矣顧臣所謂聲望駑劣倖免彈章者則又訪得數人為原任廣西總兵今陞南京右府僉書署都督僉事張澡初帥貴陽已覘庸鄙繼移西粤益乏之猷為臣等頗聞貴州苗兵殺一千戶而匿不以聞則安

在其為大許遊貴州清浪參將未幾[illegible]

措注絕無一長計惟務[illegible]而心術[illegible]

容山一事即接[illegible]言然中[illegible]

矣山東領班部司金書王鎮廉隅不檢[illegible]

該廢棄已久僥倖起用近訪公論諠譁[illegible]

令領班將來壞事匪細直隸中平鎮把總[illegible]

以貪緣竝無世職始冒遼東之功而[illegible]

鎮撫繼揮浯嶼之遠而調官南直益[illegible]

年竝無一薦而猶恬然無恙此其故莫可[illegible]來以

上四臣均屬不職所當亟為罷斥以警官邪者也伏
乞　勑下將張濼朱鶴齡王鎮許師古一體革任員
缺另行推補若此者臣等非苛求于諸臣也以為[illegible]
明知其不肖而又無復可以劣處者與其長惡[illegible][illegible]
以貽地方之害詭若汰箴劃蠹以清武弁之途此[illegible]
等所為不避嫌怨而自効于　陛下之職分也抑臣
等猶有說焉將領之不肖臣等既不時參處矣其各
官存邊腹者往往為文墨吏所推屈甚至[illegible][illegible]剝將
官不為卑而各上司開有紙憑卑官下[illegible][illegible][illegible]以故

[illegible]其[illegible]隨之
[illegible]先以巧試其無干城
[illegible]天語厂穿各總皆無
[illegible]務各権置權心優崇
[illegible]法不至掣肘其平宜下
[illegible]派與該科的有所
[illegible]以法使不肖者既無所
[illegible]成隔將材之一術也統
[illegible]

[illegible]

[illegible]守職方須該虜賊

[illegible]自備心為業已棄　朝

[illegible]錫之責臣得與聞其可

[illegible]以請者臣努力為可也當

[illegible]所不得條列者猶不徹

[illegible]用是不避[illegible]一

[illegible]人之自待與何者備矩而

[illegible]士之誅非國家之利也觀無

[illegible]大[illegible]

[illegible]

[illegible]若失出情[illegible]

[illegible]

[illegible]亦不論資格不知[illegible]

[illegible]御史陛[illegible]

[illegible]少卿[illegible]

[illegible]世已泥到今何[illegible]

[illegible]

官處以邊方則必有歉然以為不如腹裏者矣部屬
七年以上陞副使六年以上陞參議當其資俸已及
過是待陞則孰有不[illegible][illegible]願樂于邊方者耶邊方
若夫州縣有司以職貢[illegible]而處之則不堪然以處甲
科及舉人之[illegible]者而又[illegible]行取論俸與腹裏同
則人何苦居勢不[illegible]也[illegible][illegible][illegible]部屬才可巡撫
者即推巡撫無巡撫[illegible][illegible][illegible]四年五年以上
[illegible]兩司皆即推然[illegible][illegible][illegible]副使而又任焉
[illegible][illegible]州縣以[illegible]進[illegible][illegible]舉人之[illegible]者至其行取陞

地方險阻地甲山險衝要也小人雖厭邊方之苦而未
不甘心乎總督撫臣之請破資格議三臣從草
十考甫命三歲而陞江都御史五易人矣鳳陽巡撫
易人矣閣下以爲撫江及鳳陽巡撫責任重耶
小亦那來之何江陽撫按之重而今之以官為鄙也
人也官者皆臣之梓里臨臨官臣所知也而其非
臣梓里臨臨官如保定撫州天江西調保定至今謂
者未脫口也國制六部尚書總為重任果能其官
即我朝年來以兵部刑部人員以兵部皆為名臣不必

調冢宰御史大夫也而若之何其數數易巡撫也臣
以為慎臨調議四近見大臣廷推經年不起司道被
命中途乞休人皆歆佚誰為勞者人皆歆近誰為遠
者喪師不誅誰肯血戰墨吏失刑誰肯為廉　肅皇
帝朝盖天下多故矣然而竟以敉寧者　肅皇帝有
不測之賞以鼓舞于先而又有不測之威以震疊于
後故人心踴躍畏懼而功用成也臣以為嚴賞罰議
在此矣議者率平無奇也然而臣之愚衷以為天下
大計當不出此而其事非臣堂官所得為以故鰓鰓

焉一陳之也伏望 皇上斷自 聖衷勅下該部不以臣言為迂而議行之臣愚幸甚天下幸甚

本部覆貫御史寧夏疏

為照寧夏亂卒罪在必討先該臣等題議渠魁務殲脅從罔治一切責成魏學曾巳奉旨遵行訖乃御史貫希夷等又引正德嘉靖間故事欲更遣重臣以往御史為 國深憂不為無見然臣等備員本兵責任尤重宵旰焦心豈其念不及此直以邊卒干紀首惡應自有數而城中 宗室生靈及 國家安危干係

甚重處置得宜即單騎入城片言可定處置不得宜雖調兵增餉殺數萬人無益也查得正德及嘉靖初年宣大原無總督故大同兵變勢不得不遣重臣以往然其事之失則深有可鑒者試一言之而可以知今日處置之策矣嘉靖二年大同軍亂殺巡撫張文錦于是遣侍郎李昆宣勑赦賞是賞叛也主事汪秦爭之曰 上幸待賊以不死然賊負必死之罪安知其不疑我計誘之哉藉令悔禍聽撫將并首惡置不問耶則何以警其後已而叛卒果洶洶圍進士李枝

脅巡撫蔡天祐而復遣侍郎胡瓚往討幸而完事此初變之失策也嘉靖十二年大同軍再亂殺總兵李瑾脅巡撫潘倣請赦于是總督劉源清帥師討之而源清及總兵郤永貪功嗜殺以致叛卒訛言洗城轉相煽惑勾虜入犯栺代王府以酬虜所殺掠不可勝計始罷二臣遣侍郎張瓚往累年而後定此再變之失策也廼今寧卒猖狂正與往事相似以臣等前疏以爲渠魁務殲正以鑒李昆曲赦之失以正紀綱逆脅從罔治正以破劉源清洗城之謬以安反側也而又

請 旨責成魏學曾者學曾素有威望曉暢機宜且
身為督臣四鎮皆得節制果親詣地方大書榜諭責
令將領司道擒獻首惡之人餘悉不問則傳檄可定
單騎可降如其抗拒不得已而用兵則以總督而調
四鎮之兵指日可集臣等所謂聽學曾便宜行事者
此也今御史欲別遣重臣臣等切詳總督尚書其權
已不為不重若更別遣則將置學曾於何地且恐時
日稽遲事情反覆患益不可測矣嘉靖間劉源清攻
城不下疏請添總制禦虜 世宗降御札有曰源清

既能了事如何又添兵豈非 官多事擾乎大哉 王
言真可為萬世法蓋別遣則 不惟魏學曾掣肘不便
行事且使寧夏亂兵轉相恐嚇而復有洗城之說如
嘉靖間矣臣等以為今日之計無出于責成魏學曾
者令候 命下本部馬上差 人咨行魏學曾多方宣
諭 朝廷恩威分別有罪無罪首惡務正刑章脅從
悉從赦免如果抗拒 明旨仍行鹵掠及不肯擒獻
首惡則調延綏甘肅勁兵各萬餘及固原與寧夏之
卒以抵城下彼時將不分首 從悉行蕩勦其承委文

武不用命者悉以軍法從事先將親詣地方日期作速具奏魏學曾受茲重委須悉心籌畫務濟時艱其或處置乖方苟且了事憲典具存臣等定行參究仍望皇上特賜宸斷令臣等遵奉施行

乞休疏

臣年三十九歲由萬曆八年進士歷任至郎中去年十一月內臣以武選改職方今年二月忽有寧夏之變至四月又忽有倭陷朝鮮之變臣拮据在事食不下咽寢不安枕蒲柳之資困憊已極而時方多難不

敢告勞半月前咯血二口臣猶急自掩覆不欲令家人見之昨二十四日出署回寓猶能與客對語比及就寢心神忽亂氣促頭痛須臾不省人事口噤眼直手足厥冷家人慌忙用筯撬開牙關灌以姜湯始覺甦醒急呼醫人王永慶診脉謂病勢沉重非旬月所能痊可次早本部主事劉黄裳袁黄直入卧内視臣二臣皆知醫切脉大駭謂臣氣鬱上焦結而為痰又心血耗盡以致心腎不交委係危症見今雖已甦醒而頭目暈疼心膈滿脹腰腿酸痛不能屈伸床褥呻

吟奄奄待斃具呈養病堂官以時艱不肯具題止令
調理伏思臣身為職方軍務繁重該司印務須刻不
可缺人而臣似此病瘓瘵可何時樞筦艱難豈臣棲
息養病之地若以時艱不聽臣去則臣人微力薄譬
之滄海一鱗長天隻雁有臣不足多無臣不足少非
若堂官大臣一人之身關　國輕重也若謂臣事涉
避難託疾非真則請令醫人即臣臥所診視果氣逆
上焦心鬲脹滿否果頭眩眼花腰眼作痛否又況虜
[illegible]城可圖倘西師有奏凱之音則臣愚有息

肩之日倭雖虎視尚隔外藩果經畧既以得人疆埸似可無事何難之避而欲乞休夫佐堂官以調度兵事黜陟將官臣之分也西勦賊東捍倭 國既禁懷臣亦有樹臣之心也力杜倖門反為怨府多方隄備衆謂張皇病莫痛於傷心憂莫深於刺骨例得養病而遽求休致年未四十而懇欲掛冠臣之所不得已也伏望 皇上憐臣病苦察臣懇誠容臣以令官休致倘未即填溝壑固當擊壤懽歌如或遂正首丘亦必結草為報臣無任激切待 命之至

被劾自辯疏

臣頃以患病乞休杜門候　旨忽接邸報吏科右給事中喬胤劾臣謂臣數步昌平總兵內轉張邦奇蘭登瀛為受邀將重賄恨魏學曾崛強不肯行賄嗾堂官請　旨逮之又稱臣曩日條陳數事侵吏部職掌堂官以心腹託臣不意為臣所賣臣遭此重劾分當席藁顧事關名節不得不瀝血一辯倘臣沉冤得白死所甘心臣自去年十一月調職方到任之日適推昌平總兵王保臣未任事也今年七月內山西總兵

鈌石尚書以河曲一帶密邇孤山非得驍勇如王保者不可乃會推王保調山西未幾薊鎮總兵鈌石尚書又議調王保臣謂一月兩調恐為未妥石尚書曰薊鎮陵京重地比山西更為喫緊再調何害令石尚書見在可問也衆臣自為主張乎張邦奇內轉府僉事係武選與臣職方何干閻登瀛以天津遊擊轉京營此石尚書語臣謂其在工部時登瀛每遇歲節輒齎酒米螃蠏送至邸彼時拒而不受心薄其人而撫按又無論刺之者以故不得已而內遷然非美轉

也搢紳以內遷為榮將領以內遷為殿今科臣謂臣受賄遷登瀛于內則登瀛豈樂于內遷者耶哮賊逋誅本兵之臣與督臣均有疆埸之責 皇上英斷詔逮督臣石尚書及臣相顧失色臣旋為石尚書草疏申救學曾此 皇上所親覽也石尚書何嘗請 皇上逮學曾臣亦何嘗嗾石尚書請逮 君父在上而以此冤臣則無一不可冤者矣學曾精忠大節臣所欽仰彼以七十老人拮据兵革每一警急烟火不通而臣猶責望其不肯行賄臣即有胃無心必不忍為

也又况學曾與臣頗爲相信昨貽臣書曰公謂僕善
心至此于張魏公僕何能當然謂議論紛紛爲僕扼
腕見公之愛僕過深耳蓋臣竊謂學曾可比張浚學
曾未爲不知臣若謂臣嚮學曾而陰構之恐學曾不
能不爲臣稱枉也臣曩者謬以芻蕘條列數事未敢
自謂必行督撫司道雖吏部職掌而實與本兵相干
假令有党馨石繼芳之掊尅釀亂至于今未彌將吏
部任之乎亦臣本兵任之乎又况　國方多難諸人
皆得建言而何獨苛責臣也臣自到任十月于茲一

切推陞皆由堂官指授臣不過備查條單及將材考
語耳　皇上試問石尚書畀臣在事曾經主張一人
臣死不恨何所借堂官以行其私陽短堂官臣對何
人出一獻議語科臣又從何人得聞也石尚書負海
內重望官至列卿豈一小臣所得愚弄臣舊為門
生今為屬吏二十年知己一旦負之臣即有胷無
心必不忍為也若謂迩來紛紛調度未得一策為臣
誤石尚書則臣雖百口亦不能辯臣本書生猥知章
句至于兵事寔非所長然今之西賊東倭于　國家

為二百餘年所未有之變而欲以調度責臣豈惟臣
之纔劣有所不能即雄俊如科臣而設以身處臣之
地恐亦有未易辦者顧臣年三十九矣砥礪已半生
于茲矣以矜名好修之人而一旦被茲墨名為世大
詬臣所不甘伏望　皇上先將臣罷斥仍令九卿科
道拘集張邦奇蘭登瀛與臣對質果有分毫賄臣即
戮臣以為貪婪者之戒臣既恨魏學曾不行賄而請
旨逮之則自學曾而外必皆賄臣者仍行各巡按御
史備查督撫蕭大亨郝杰等及各鎮總兵曾與臣通

賄否本兵題覆具在兵科　皇上試一檢閱且并度
之　聖心尚書石星果曾　請逮學曾否如石尚書
曾　請逮學曾臣即坐索賄嗾堂官之罪以死亦所
不恨大率權之所在怨必歸之怨之所叢毀必及之
科臣與臣無嫌而怨臣者毀臣以誤科臣則臣愚戇
所自招而亦逆知其必有今日也臣病憊餘生泥首
以待斧鉞伏惟　皇上裁察